中国古代小说命名研究

宗立东 著

黑龍江大學出版社
HEILONGJIANG UNIVERSITY PRESS
哈尔滨

图书在版编目（CIP）数据

中国古代小说命名研究 / 宗立东著. -- 哈尔滨 : 黑龙江大学出版社，2021.12
ISBN 978-7-5686-0727-8

Ⅰ. ①中… Ⅱ. ①宗… Ⅲ. ①古典小说—命名—小说研究—中国 Ⅳ. ①I207.41

中国版本图书馆 CIP 数据核字（2021）第 276580 号

中国古代小说命名研究
ZHONGGUO GUDAI XIAOSHUO MINGMING YANJIU
宗立东 著

责任编辑 魏 玲 张琳琳 刘 霖
出版发行 黑龙江大学出版社
地 址 哈尔滨市南岗区学府三道街 36 号
印 刷 哈尔滨市石桥印务有限公司
开 本 720 毫米 ×1000 毫米 1/16
印 张 10.5
字 数 161 千
版 次 2021 年 12 月第 1 版
印 次 2021 年 12 月第 1 次印刷
书 号 ISBN 978-7-5686-0727-8
定 价 38.00 元

目 录

绪论

一、研究现状

古代小说的命名，在古代小说被人注意和重视的时候就不乏对其论及者，如古代的评点家（如金圣叹、张竹坡等）和文学家（如冯梦龙、凌濛初），他们的言论多留在古代小说的序跋之中，或论及具体某部小说，或谈及某种命名现象，或主谈己创之小说，或杂谈他人之小说，内容多以杂糅的状态呈现。延至现代意义的学术研究，中国古代小说研究的开山之作鲁迅先生的《中国小说史略》亦有论及，且此类论述亦如此书对整个中国古代小说研究的影响——简洁而切中肯綮、典型而垂范后世。后来学者的研究，或在主论小说史、小说艺术等小说研究时言及小说的命名情况，如李剑国《唐前志怪小说史》、程毅中《唐代小说史》、陈大康《明代小说史》、谭帆《中国古代小说文体文法术语考释》、刘勇强《中国古代小说史叙论》等；或在一些工具性的总目类书籍中论及此种情况，如石昌渝《中国古代小说总目》、宁稼雨《中国文言小说总目提要》、侯忠义《中国文言小说参考资料》、孙楷第《中国通俗小说书目》等。此类研究，多是只言片语、随文而发、点到即止，相对于学者著述的主论而言，它们只是辅论或补论，或是以拓展知识的形式呈现。

小说命名的专题性研究，早在20世纪八九十年，随着古代小说研究的展开而出现，如方东耀的《明清人情小说的命名及其范围》、刘嘉陵的《传统小说的书名类聚现象》、林冠夫的《〈红楼梦〉的本名与异名》、梁瑜霞的《史传传统对唐人小说的影响——兼论唐人小说以“传”“记”命名现象》，并伴着学术研究的发展而日益壮大，如楼含松的《论历史演义的命名及其界定》、张慧强等的《试论“艳情小说”的命名和文学价值》、冯文楼的《由色生情 自色悟空：〈金瓶梅〉书名试释》、刘红旗的《论宋传奇小说命名的史传意识》，等等。古代小说命名的研究可谓方兴未艾且日益深入。就目前研究的状况而言,大致呈现出以下几个方面:一是关于单篇(部)作品命名的研究较多,尤其是关于名著命名的研究,如李清宇的《从〈红楼梦〉题名论曹雪芹小说创作观念的演进》、王以兴的《〈儒林外史〉题名溯源与释义》、郭世綖的《从〈金瓶梅〉命名论金、瓶、梅在小说中的作用》等;二是出现了时段性、类型化研究的趋势,即按照小说文体和题材内容的分类来研究小说的命名(因白话通俗小说集中在明清时期,故呈现出一定的时段性),如任永安的《古代通俗小说命名研究》(硕士论文)、赵丽玲的《明清小说作品命名方式研究》(硕士论文)、唐江涛的《才子佳人小说题名研究》(硕士论文)、张泽如的《明清话本小说书名研究》(硕士论文)、顾克勇的《试论邸报与"明末清初时事小说"的创作及命名》等;三是倾向于文学与文化现象的研究,即对小说命名的情况进行现象化的分析,如程国赋的《论明清小说书名的广告意义》、蔡亚平等的《论读者与明清小说命名的关系》等;四是关注艺术、文体等文学内部的分析,即探讨小说命名本身的艺术性及小说命名与小说艺术之间的关系,如程国赋等的《唐五代小说的命名艺术》、程国赋的《论中国古代小说命名的文体意义》、李小龙的《中国古代文言小说命名"谱字"考》、李小龙的《中国古代小说传、记二体的源流与叙事意义》;五是出现了与主体命名相关的研究,即关于古代小说命名衍生的现象,如罗书华的《章回小说的命名和前称》、尹成的《明清通俗小说同书异名现象研究》等。(这里需要注意的是,程国赋先生有《元明清小说命名研究的世纪考察》一文,该文将20世纪以来有关小说命名的文章进行了较为全面的总结,时间截至2013年末,统计专著3本、硕士论文5篇,文章340篇。查阅该文,此文的考察范畴,不仅包括小说的命名,还有小说中的人物命名和其他与命名有关的因素,以及论及这些方面问题的所有文章,用力之深、梳理之细令人叹服,但是与本部分所说的专题研究有些出入。)

就目前研究而言,李小龙与程国赋的研究是比较具有代表性的系统性研究。李小龙的研究主要围绕"中国古典小说命名方式与叙事世界建构之关系研究"而展开,并已出版专著《必也正名——中国古代小说书名研究》。他的研究主要关注小说命名与小说叙事、小说内容、小说结构、小说艺术、文学表达等方面的关系,偏重于研究小说命名与小说内部之间的关系。研究模式多是从释义出发，从历史源流探讨小说命名形成的原因、过程及其在小说中的表现和对小说发展的影响，且贯通文白两种小说，并深入两种文体小说内部的文类与文体类型进行探讨和研究。程国赋的研究则主要围绕“明清通俗小说命名研究”而展开，他的研究主要关注小说命名的表现形式和这种形式与作者、读者、市场等因素之间的关系，主要探讨小说命名所反映出的文学与文化现象，偏重于小说命名与小说外部之间的关系。研究模式多是以小说命名的形式为原点，探讨这些形式形成的原因以及这些形式所反映出的文学及文化问题。他的研究专注于通俗小说，对明清复杂的小说生态环境探索较为深入和全面。两人的研究成果都对古代小说命名的研究起到了巨大的推动和示范作用。

综上所述，目前关于中国古代小说命名的研究，已取得了较为可观的成绩。研究范围涵盖了文言与白话两种小说，涉及了古代小说的大多数题材和种类，也涉及了相当多的文学和文化现象。但相对于中国古代小说丰厚的资料基础、庞杂的文学与文化现象，目前的研究也只是冰山的一角，还有大量的史料和现象有待我们挖掘和深入研究。这也是本书撰写的初衷和必要性。

二、研究范围与思路

本书的研究对象为古代小说的命名，就具体范围而言，时间范围是1912年之前的作品，小说则主要包括文言小说、白话小说，暂不涉及文体存在争议的作品，命名则主要指的是小说的命名，主要包括单部小说和小说集的命名。其中，单部小说包括文言小说中单篇行于世的小说和白话小说中以单行本刊于世的小说，小说集则包括文言小说集和白话小说集。而就两类作品的存在形式而言，文言小说中如以集本的形式留存于世则以集本的名字论之，如既收入了集本，又以单篇形式行于世，则视情况而归类论之；白话小说集多为话本小说集，论述中以话本小说集的名字论之。暂且不论及以集本形式流传而列于集本的单篇作品的命名。

本书的研究大体分为上、下两论，上论从影响古代小说命名的因素入手，分析影响小说命名的诸多原因，其中有共性的创作观念、社会审美、历史政治等因素，也有个性因素，如作者特殊的经历、特别的观念、独特的愿望等，还有特殊历史时期的文化思潮、社会潮流等因素。总之，上论部分指出影响小说命名的各类因素，及这类因素形成的过程和表现。当然，一部小说的命名是多方面因素导致的。所以，在具体的论述中，以影响该小说命名的最主要因素为分类依据。同时，考虑到因素分析的整体性和单部（篇）小说命名因素的多样性和完整性，一是在部分小说的命名因素分析归类时，有所取舍和侧重，二是同一部（篇）小说有可能会出现在不同因素分析的例证中，以此增加论述的全面性。即上论是通过“原因—观念—现象”的模式，探讨影响小说命名的各方面因素。下论则从古代小说的命名形式入手，对古代小说的命名情况进行分类论述。首先，按照小说的文体进行分类，然后在文体内部按照小说的内容题材、书写方式等情况和小说命名的实际状况与面貌进行分类，再在分类后根据需要进行细类区分，即按照“体—类—细类”逐层深入的模式，最终概括出细类区分后小说的命名模式与特点。同时，也将小说命名的模式、特点与小说的内容题材、叙事方式、艺术手法、主题观念相联系，形成“观念现象—形式特征—艺术思想”的模式。另外，再对贯穿于文白小说命名中的常见手法进行考察和分析，即在类别共性特征、形式的探索后，再对整体性的常用手法、方式进行研究，以此来关照文言、白话小说的某些共性特征。总体而言，上论是从对“共性”观念的溯源到对“个性”理念的关注，下论则是从“个性”类别的分析到“共性”特征的总结，在此过程中，形成“溯源（原因）—形成（观念）—表现（现象）—归纳（特征）—指涉（文本）”的研究模式。

首先，溯源（原因）即是分析影响小说命名的因素，而这些因素大多与小说本身的形成有着密切的关系，所以，对于小说命名因素的论述，也就是对小说起源与发展的回溯，在回溯的过程中寻找促成小说生成的多方面因素，同时，也在寻找这多方面的因素对小说命名所形成的影响。而当影响出现了趋势化和固定化的时候，小说的观念和小说命名的观念也就形成了，即形成（观念）的阶段。而且，由于在形成（观念）中因素的影响力、重要性不同，所以形成（观念）的影响力也会有所差别，故在具体论述中会有详略的处理。其次，表现（现象）是形成（观念）的显性、发散式呈现，归纳（特征）则是表现（现象）的隐性、概括式的表达，所以，本书一方面力求较为全面地囊括古代小说创作的诸多情况，另一方面也争取梳理出小说命名的类型化特征和模式。再次,在归纳(特征)与指涉(文本)间会形成深层的互动关系——特征指涉着文本的独特性,文本也印证着特征的存在性。而且,在这种互动中两者也都走向了深化——特征有了交叉性,文本有了丰富性。总之,从外部因素的分析(小说、小说观的形成),到文学现象的归类(小说命名、小说现象),再到文本内部的剖析(小说命名、小说叙事结构、小说艺术),"文化—文学—文本"是本书的研究路径。具体而言,从文化到文学,即本书的上论部分,突出小说命名因素归纳的重要性,将小说的起源、观念、创作、传播、接受等多方面的文化与文学现象进行梳理;从文学到文本,即本书的下论部分,突出小说命名形式归纳的必要性,将小说的命名、内容题材、叙事方式、主旨意图等多方面的文学与文本因素进行整合。在梳理和整合中,将小说命名的外部研究与内部研究统一。所以,本书在具体的论述中,尽量采用内外结合、多面关注的方法和视角。既有将小说命名与社会环境、思想潮流、文化现象相关联进行的广阔分析,也有将小说的命名观念、命名形式与小说的题材内容、叙事方式、艺术特征相联系进行的深入挖掘,还有对小说形成的追溯、对小说类型艺术形态的概括、对典型小说文本的分析,总之,是偏重于文化解读和现象的分析。总之,尽量做到文学艺术分析与文化现象剖析的结合。

三、研究意义

其一,小说题目是小说的重要组成部分。对小说题目的研究,是中国古代小说研究的应有之意。小说命名源于作家的小说观念、创作意图、审美情趣、文化水平等多方面因素,也折射出当时的政治、经济、思想、文化等多方面情况,同时小说的命名也指示出小说的叙事方式、题材内容等文本自身的诸多因素。小说命名沟通了作者、作品等内部因素与政治、经济、文化、思想等外部因素。且作品产生就会有读者,尤其是明中后期小说刊刻流通的日益繁荣,使小说的命名与书坊主、读者有着密切的关系,特别是具有一定"作者"身份的评点者。而小说命名因素与形式的研究,正是通过对中国古代小说题目的整体考察与分析,归纳出小说命名的规律,发掘小说命名的艺术特征,指出命名与小说内容、文体之间的联系,阐明小说命名与作家、书坊主、读者、政治、经济、文化、思想等因素的复杂关系。小说命名的研究,有助于更透彻地理解作者和作品,更好地把握小说史的线索,有助于为中国古代小说的研究提供新的思路。这是本书的研究意义之一。

其二,“一代又一代之文学”,汉赋、唐诗、宋词、元曲、明清小说种类颇多。中国是诗歌的国度,所以人们往往关注诗、词、曲抒情文学的研究,文章或为“经国之大业”,或为作者兴感所作有所寓怀,故关注度亦颇高,而戏曲、小说则属末端,其中戏曲还有抒情的唱曲,与诗词还有着千丝万缕的联系,可谓叙事文学中的抒情文学。然而,小说虽也为一代文学的代表,但享受的待遇相差远矣。自鲁迅《中国小说史略》至今,中国古代小说研究可谓筚路蓝缕中厚积薄发。名著的单体研究和文学史类研究比例较大且习惯于从艺术角度分析,而将小说作为其他史料资源的研究亦不在少数。前者的研究有着浓重的抒情文学研究范式和发展史研究模式,后者的研究则过于外化而再次将小说附属化。而有关小说的文化类、现象化研究和小说整体性研究,在近些年呈现了方兴未艾之势。本书正是从影响小说命名因素的角度进行深入的研究和分析,通过对作者、评点者、书坊主、历史文化传统等因素的分析,全面系统地理清小说命名的因素,阐明文言白话小说命名因素的差异,说明造成小说命名名不副实、一书多名等诸多文学现象的原因。同时,进一步分析不同文体、类型小说的命名形式和特点,考察小说命名与小说叙事方式、小说题材内容、小说风格旨趣等诸多要素之间的关系。即将小说现象的研究与小说艺术的研究相结合,同时,将研究的视野尽量覆盖到整体小说。希望通过此种现象化、文化类、整体性的研究,提出有价值的新颖观点和独到见解。此为本书的研究意义之二。

上论　古代小说命名的影响因素

影响中国古代小说命名的因素有很多，比如作者的创作观念、读者的接受倾向、社会的审美特点等。同时，刊刻者（书坊主）的利益需求、时代的政治环境也会对小说的命名产生非常大的影响。考虑到因素的复杂性和多样性，本部分以涵盖力较强、涵盖面较广的作家—作品—读者为坐标参照系。同时，作家与读者落实到古代小说具体的生态环境中，则以作家—读者—社会环境为操作参照系，分别对作家、读者、社会环境三方面包含的因素进行考察，深度挖掘影响小说命名的诸多因素。其中，作家部分主要挖掘作者的创作观念、创作动机，读者部分则主要关注读者群中的两类特殊群体——小说的评论者（评点者）和刊刻者（书坊主），社会环境部分则重点探讨政治环境和社会审美两个大环境（也可将其看作广泛的读者群）对小说命名的影响。作家因素是小说及小说命名形成的最主要因素，且具有时间连贯性和影响共性化的特征，故在论述中着重关注的是观念形成的原因和过程，而影响的具体表现则放入小说命名形式的论述中。相对而言，读者因素与社会环境因素的影响，更多地表现为个性化影响和时段性影响，故在论述中更关注影响的具体表现形式，而将下论中部分小说的命名情况提到此部分进行论述，一方面是证明此因素的存在性，另一方面也是考虑全书论述的完整性和合理性。

本部分的论述着重于较为全面地说明影响小说命名的多方面因素，故此部分的论述多从文化及文化现象的角度展开，相对于下论的艺术性归纳而言，本部分更重视现象性的分析。并且，希望通过此类分析尽量还原古代小说的生态面貌。

第一章　作家观念的形成

作者是影响小说命名的主导因素。在创作过程中,作者的创作动机、创作意图、创作意念、小说观念等因素对小说创作起到了决定性的作用,这些因素也会明显地体现在小说的命名上。纵观古代小说的创作,从创作动机和观念环境上而言,大致包括教化观、娱乐观、史传观、宗教观四种。其中,前两者偏向于“功能作用”型,即作者强调小说的作用和目的;后两者偏向于“认知意识”型,即作者深受此种认知的影响而创作小说。四种观念对中国古代小说的出现、形成及发展都产生了重要的影响,对小说的主旨思想、人物塑造、叙事方式、语言风格等也都产生了显著的影响。而小说命名作为创作小说最显著的一环,也充分体现了这些影响。为了避免论述的重复,本章仅论述观念形成的原因及过程,影响的具体表现则放在下论的相应部分论述。

第一节　“功能作用”型观念——教化观与娱乐观

一、教化观的形成

中国文化起源于春秋战国,许多观念的历史源头也是在春秋战国时期。《庄子》曰:“饰小说以干县令。”[①]这是“小说”一词在词源上的首次出现。在这里,庄子所提出的“小说”是相对于“大达”而言的思想言论,虽然是贬低之意,但它同时也使“小说”在产生之初就具有了明理的性质。同样,《论语·

① 侯忠义编:《中国文言小说参考资料》,北京大学出版社1985年版,第3页。

子张》曰："虽小道,必有可观者焉。"[1]在这里,"小道"即指小说。那么,孔子也是在贬低小说的大前提下,对小说的部分价值予以肯定,而就先秦诸子思想论辩的中心即强调各家学说对世道人心、江山社稷、重整乾坤的作用,孔子所肯定的"可观者",也是从其一定的匡时、劝惩的作用而言的。这样,"小说"一词在源头就染上了说理救世的色彩。随着儒学被后世的大一统王朝定为官方意识形态,《论语》中关于小说的观念也顺其自然地被继承并发扬光大。班固的《汉书·艺文志》对"小说"做出了官方文献学的第一个定义,"小说家者流,盖出于稗官,街谈巷语,道听途说者之所造也"[2]。并且,在《汉书·艺文志》中,小说被归入子部,这也充分说明了小说明理的性质,在言及小说的作用时则更是直接引用了《论语》中的原话,至此小说的劝惩教化观念得到了完全的确认和继承。此后历朝历代史书中的《经籍志》《艺文志》对小说的立论和具体言辞,虽然偶有区别,但小说具有谈说道理、教化劝惩作用的观念都得到了毫无例外的承袭。难怪明人胡应麟在谈及小说时,直言"小说,子书之流也"[3]。

同样,深受儒家文化熏染的史官文化也凸显着类似的观念。作为中国第一部史书《尚书》的"核心是'敬天''明德''慎罚''德民'",强化道德意识的意图已经体现得非常强烈。作为史书第一部典范之作的《春秋》也强调在"春秋笔法"中见出"微言大义",而所谓的"大义"就是"记事之中蕴含着深刻的褒贬劝惩意味"。[4] 史官文化中的隆礼、崇善、重人的精神内核,辐射到中国文化的各个领域,在史传文学中,这种历史文体意识表现在"资治""劝惩""实录"三个方面,而中国叙事文学强调"教化"功能,主张讽谏,主张"劝善惩恶""借古鉴今""大一统"等意识,无不浸染着史官文化的伦理色彩。[5] 小说作为叙事文学的重要组成部分,在继承和发展史传文学的优良传

---

① 侯忠义编:《中国文言小说参考资料》,北京大学出版社 1985 年版,第 3 页。

② 鲁迅:《中国小说史略》,春风文艺出版社 2020 年版,第 2 页。

③ [明]胡应麟:《少室山房笔丛·九流绪论》,见侯忠义编:《中国文言小说参考资料》,北京大学出版社 1985 年版,第 27 页。

④ 参见刘云春:《历史叙事传统语境下的中国古典小说审美研究》,中国社会科学出版社 2010 年版。

⑤ 参见刘云春:《历史叙事传统语境下的中国古典小说审美研究》,中国社会科学出版社 2010 年版。

统的同时,也就顺其自然且责无旁贷地承载着浓厚的教化意识。[①] 同时,《周易·坤·文言》言:“积善之家必有余庆,积不善之家必有余殃。”《太平经》曰:“善自命长,恶自命短。”同时又提出“承负”之说“力行善反得恶者,是承负先人之过,流灾前后积来害此人也。其行恶反得善者,是先人深有积蓄大功,来流及此人也。能行大功万万倍之,先人虽有余殃,不能及此人也”,后六朝僧人慧远又作《三报论》《明报应论》等文章。[②] 这样,无论是道教还是佛教,都强调了对世道人心进行劝善惩恶的教化,而中国古代小说在宗教观念的孕育下走向成熟,它的机体里也就很自然地注入了强烈的教化观念。[③] 经、史、子是中国文化的根基,是其他文化的土壤,从词源到文献学,从史传文化到宗教观念,从统治者的政令到士大夫阶层的认同,小说与教化都有着密切的关系。作家在进行小说创作时,教化意识就成了不可或缺的主旨。这样,小说承载着厚重的劝善惩恶、匡救世道、补救人心的教化使命,在中国古代文学的长河中不断发展和壮大。

二、娱乐观的形成

《吕氏春秋·慎行论·疑似》记载:“褒姒之败,乃令幽王好小说以至大灭。”[④]这是周幽王“烽火戏诸侯”博得褒姒一笑,而导致最后犬戎兵临城下,无救兵勤王的故事。在这里“说”通“悦”,是说幽王贪图小方面的欢乐而导致亡国。其虽不是“小说”的意思,但已使“小说”一词染有了娱乐的意味。三国时徐幹的《中论》载:“夫详于小事而察于近物者,谓耳听乎丝竹歌谣之和,目视乎雕琢采色之章,口给乎辩慧切对之辞,心通乎短言小说之文。”[⑤]这里从辅政的角度出发,认为君王应该操持国家大事,而对有碍政治清明、世风淳朴的艺术娱乐、巧言辞令、杂情琐事,都不要太放在心上。在这里“小说”是“小事”的一种,是“无补于国事”的娱乐项目。同时,在《三国志·魏

① 参见杨义:《中国古典小说史论》,中国社会科学出版社 2004 年版;韩云波:《唐代小说观念与小说兴起研究》,四川民族出版社 2002 年版。

② 参见孙逊:《中国古代小说与宗教》,复旦大学出版社 2000 年版。

③ 参见韩云波:《唐代小说观念与小说兴起研究》,四川民族出版社 2002 年版。

④ [战国]吕不韦编纂:《吕氏春秋》,刘亦工校译,崇文书局 2017 年版,第 127 页。

⑤ 祁海文:《中国美育思想通史》秦汉卷,山东人民出版社 2017 年版,第 342 页。

志》卷二十一《王粲传》裴松之注引《魏略》记载："太祖遣淳(邯郸)诣植(曹植),植初得淳甚喜,延入座,不先与谈。时天暑热,植因呼常从取水自澡讫,傅粉。遂科头不拍袒,胡舞五椎锻,跳丸击剑,诵俳优小说数千言讫,谓淳曰:'邯郸生何如耶?'"邯郸淳是当时有名的说笑话之人,曹植的一番举动,也足以看出"俳优小说"是当时十分流行的一种娱乐项目。在当时,"小说"与后世文学中的小说还并不完全同义,"小说"的娱乐功能并不是主流,但"小说"的娱乐功能已经存在了。从上述文献的记载中,我们也能感受到,无论是帝王将相,还是平民百姓,娱乐都是人之常情。随着"人的觉醒",人们对娱乐的追求在不断增加,甚至像邯郸淳一样出现了较为专业的娱乐人员。并且在商品经济发展、市民阶层兴起后,娱乐更逐渐成了小说的重要功能。"对于中国古代小说来讲,不同的小说体式适应了不同人群的娱乐需要,而后一点的强化,也是小说从汉魏迄宋元的一个重要变化轨迹"①,小说娱乐的功能逐渐成为继教化功能之外的另一大功能,且与之并驾齐驱,甚至后来居上。"文,纹也""情动于中而形于言,言之不足故嗟叹之,嗟叹之不足故咏歌之,咏歌之不足,不知手之舞之,足之蹈之也",小说娱乐观的兴起和发展壮大,似乎也是对文学本质的一种回归。

第二节　"认知意识"型观念——史传观与宗教观

一、史传观的形成

在中国古代,周朝首先确立了"礼制",削减了夏商以来巫祝文化的地位,记载历史的工作也逐渐从巫术的职能里分化出来,巫、史开始分化。"大史掌国之六典,小史掌邦国之志,内史掌书王命,外史掌书使乎四方,左史记言,右史记事。"这是《史通》对周朝史官的记录,可略见史官文化在周文化中的地位。《尚书》是中国第一部史书,主要记载从殷商到西周时期政治思想的变化。西周末年,礼崩乐坏,周王室无力再编撰史书,而各诸侯国都设有史官,便有了各自专修的史书,出现了"百越春秋"的现象。几经战火洗礼,

---

① 刘勇强:《中国古代小说史叙论》,北京大学出版社2007年版,第27页。

剩下的诸侯国史书只有一部鲁国的《春秋》，且约略同时出现了解释《春秋》的三传，即《左传》《公羊传》《谷梁传》。秦王一统天下，但秦朝不修文化且时间短暂。继而大汉王朝崛起，在西汉的鼎盛时期，司马迁著通史《史记》，而后踵武其后的班固撰《汉书》、范晔撰《后汉书》。东汉末年天下大乱，魏晋南北朝百年乱世，官方无暇著史，此一时期私人著史蔚然成风，如陈寿撰《三国志》、沈约撰《宋书》，仅《晋书》就有八种之多，可见兴盛之至。隋朝之后，唐王朝以恢宏的气势伫立于中国千年的历史舞台之上，文治武功在此时期都达到了封建社会的鼎盛。在修史著史方面，唐初修史书共八部，且皆位于"二十四史"之列，可谓史学之盛世。唐修八史，确立了官方修史的传统，直到清修明史，由继任王朝对前朝的历史进行修编成为定制。在官方大兴此道的时期，仍有私人著史且留名后世者，如著《资治通鉴》的司马光。可见，史官文化在中国流传之深远。"究天人之际，通古今之变，成一家之言"，司马迁的夫子自道，也足见著史修史在古代士人心目中崇高的地位。在史官文化不断加强和深化的过程中，中国古代小说也在其庇护下，不断发展、成熟、壮大，并最终脱胎于此。① "把历史中人物特有的个性太显露地具体地描写出来，于是历史变成文学了。"②史书形成了自己的文学模式，即史传文学，"他的全书(司马迁《史记》)中有许多都可当作小说看，如《项羽本纪》《高祖本纪》等，都可视为最有价值之历史小说"③。把历史当作小说来看待，这里既有艺术上叙事的因素，也有叙事中虚构的因素。这一点在明清小说的评点派那里体现得更为突出，评点家们喜欢将《史记》作为小说叙事的楷模，金圣叹、毛宗岗、张竹坡对小说的叙事解读都由与《史记》的比较开始。如毛宗岗说："《三国》叙事之佳，直与《史记》仿佛"；张竹坡《批评第一奇书〈金瓶梅〉读法》中说："《金瓶梅》是一部《史记》"；金圣叹更是通过以《史记》为代表的史书和以《水浒传》为代表的小说的对比，提出了"以文运事"和"因文

---

① 参见杨义:《中国古典小说史论》，中国社会科学出版社 2004 年版；韩云波:《唐代小说观念与小说兴起研究》，四川民族出版社 2002 年版。

② 施章:《史记新论》，见韩云波:《唐代小说观念与小说兴起研究》，四川民族出版社 2002 年版，第 123 页。

③ 施章:《史记新论》，见韩云波:《唐代小说观念与小说兴起研究》，四川民族出版社 2002 年版，第 123 页。

生事”的著名论断。“一方面是导致人们将文学叙事纳入历史叙事的统领之下，另一方面也导致人们将历史叙事努力往文学叙事的领域里拉拢。这就造成了历史与文学的混同，尤其是历史与小说的混同。”①留心于古代小说的明代著名学者胡应麟在其著作《少室山房笔丛》卷二十九中，论及小说时，更是一语中的地指出“（小说）或通于史，又有类志传者”。《隋书》将小说家著录于史部，也正是着眼于两者之间的孪生关系。那么，相对于教化观和娱乐观强调文学（小说）功能作用的目的性，史传观更具有文学（小说）发生的起源性。

二、宗教观的形成

“中国本信巫，秦汉以来，神仙之说盛行，汉末又大畅巫风，而鬼道愈炽；会小乘佛教亦入中土，渐见流传。”②中国文化起源于巫史，当史自成一家的时候，巫不仅没有消亡，而是朝着其自身的专业化——宗教发展。也正如鲁迅先生所言，当官方的史传文化伴随汉王朝的衰微和混乱而走向疲软时，潜伏在民间的巫文化以它独有的生命力实现了逆袭的过程。道教创始于汉朝末年，魏晋南北朝三百年的乱世是道教成长的黄金期，道教派别林立，各教派的代表人物又多有创设，伴之而来的是神仙谱系的建立、内丹外符形式的出现、教规教义戒律仪式规定的日益完善，以宣扬祈福保命、长生不老为宗旨的本土宗教道教应运而生。同时，佛教在这一时期传入中国，“中国人当时完全是以黄老之学和神仙方士道术的观念去迎接和理解佛教”③，勃兴的佛教借助成熟的道教来传教布道，也借助在中国更有统治力的儒家来传教，“名僧道安、僧肇、慧远等，致力于印度佛教与中国传统思想的融合。他们大都学识渊博，有着较高的社会地位和声望，与文人关系密切，文人们日渐受其濡染，开始研究或信奉佛教”④。佛教在寻求与儒家合作的同时，得到了广大文人士大夫的认可。而且，“最高统治者也逐渐认识到佛教有利于他们‘敷导民俗’‘坐致太平’，不但提倡佛教，而且有的还信奉佛教，如东晋的明

① 韩云波：《唐代小说观念与小说兴起研究》，四川民族出版社2002年版，第122页。
② 鲁迅：《中国小说史略》，春风文艺出版社2020年版，第22页。
③ 方立天：《中国佛教与传统文化》，上海人民出版社1988年版，第288页。
④ 万晴川：《古代小说文化学》，吉林文史出版社2018年版，第34页。

帝、哀帝、简文帝、孝武帝，南朝的宋文帝、梁武帝等”①。这样，关注阴阳轮回、善恶相报的外来宗教（佛教）成功着陆。“南朝四百八十寺”，杜诗一语道出了当时佛道一途的炽热程度。宗教兴起于乱世，也兴盛于乱世。但在太平之世的唐、宋、元、明、清，佛道二教的繁荣也是有增无减。唐以道教为国教而不废佛教，宋朝皇帝多信道教而礼遇佛教，明太祖原为和尚而佛教自兴，明世宗更是崇奉道教而无法自拔，元朝与清朝为少数民族政权，两朝佛道并举，更将二者推崇至政教一体的高度。纵观历史，宗教兴而不衰，虽有偶尔的灭佛毁道之举，也多是因佛道太盛而伤及国本所致的一时之举。而且，相对于史家文化的官方性，宗教有着广阔的民间性。这样，时间的长期性、政策的推崇性、信仰的民间性彻底使得释道成为继儒家思想之后对古代中国人影响最大的观念。特别是到了明清两代，伴随市民文化的兴起，宗教更是走向了世俗化和平民化，并最终孕育出了中国化的宗教。这样，儒、释、道最终成了中国人思想的三大支柱，“佛道—宗教观”也成为继“儒家—史传观”后对中国文学（小说）影响殊为深远的思想观念。

在鲁迅先生《中国小说史略》共 28 篇的论述中，就有《六朝之鬼神志怪书（上）》《六朝之鬼神志怪书（下）》《明之神魔小说（上）》《明之神魔小说（中）》《明之神魔小说（下）》共 5 篇专论宗教因素影响下的小说，而散见在其他篇章的论述也很多。可见，宗教对小说影响之深，且遍及文言白话两种文体。而佛道二教对中国小说的叙事方式、母题类型、内容题材、虚构理念等方面也都产生了深远的影响，如因果报应、飞升现象、转世投胎、幽冥三界等思维模式，如对神仙、佛僧和与之相对应的幽冥、鬼怪的记载，形成了中国古代小说重要的志怪一类。儒释道三教②合流时产生的神魔小说也是宗教观对中国古代小说影响的体现。

总之，教化观、娱乐观、史传观、宗教观，四种观念源远流长。而且，从小

---

① 万晴川：《古代小说文化学》，吉林文史出版社 2018 年版，第 35 页。

② 三教：一般指儒教、释教（佛教）、道教三个教派的融合。佛道为纯正的宗教，儒则更为学说观念（后为治国理念），而言“三教”更多是着眼于三者观念意识的互补性。如孙绰在《喻道论》中云：“周孔救极弊，佛教明其本耳，共为首尾，其致不殊。”明僧绍则认为“佛开三世，故圆应无穷。老止生形，则教极浇淳”，故“周孔老庄诚帝王之师”而“释迦发穷源之真唱，以明神道主所通”。关于三教共通的言论甚多，且鲁迅先生在《中国小说史略》（《明之神魔小说（上）》）中亦直言“三教”，后学界多沿用，故本书亦沿用。

说的起源到小说的发展、变异、分化和繁荣，四种观念的影响始终存在，只是在不同的小说演变时期，不同的小说类型，不同的小说文体，四者的影响力强弱有别而已。在后文关于四种观念对小说及小说命名影响的论述中，会详尽说明影响的具体形式，并且在突出主要影响因素的同时兼顾次要因素，争取将某种小说命名的影响因素论述周详且全面。

第二章　读者观念的影响

就中国古代小说而言，文言小说多是文人士大夫闲暇逸趣之作，多是非有意而为之，是安身立命、著书立说外的余资，是供文人间的谈笑，故文言小说的读者群体与作者多同属于文人士大夫阶层，观念差异不大。相对而言，面向市民阶层的白话通俗小说的读者群则雅俗同在。这样，创作与接受之间更容易形成互动。在互动的过程中读者观念对小说创作产生了影响，且这种影响随着小说的发展也越来越大。在读者群中，有两类人比较特殊，他们对小说命名的影响是最大的。一类是小说的评点者，另一类是小说的刊刻者——书坊主。具体而言，小说评点者是一群身份特殊的人，他们比一般读者更关注小说的思想、艺术等方面，而非纯粹的消遣。同时，中国古代小说“评改一体”的特点，又使得评点者具有了“作者”的身份。所以，评点者之于其所评点的小说的命名就会形成重要影响。刊刻流通是通俗小说传播的重要环节，牟取经济利益的书坊主在此环节中扮演着重要角色。小说题目作为小说的首要标志尤为重要，但古代小说地位不高，白话小说更甚，不要说版权意识，甚至作者大多都很忌讳写上自己的名字，连通俗小说的巅峰之作《红楼梦》的作者曹雪芹，也仅仅是承认了自己删减者的身份。而这些因素都给予了书坊主十分便利的条件，他们肆意增删小说的内容、篡改小说的命名。

第一节　评点者的影响

这里所说的评点者主要由两部分人构成：一部分是对小说进行逐字逐句评点的评点家，还有一部分是对小说发表整体评论的文人名士。（部分书坊主也可看作是小说的评点者，此类论述归入第二部分“书坊主的影响”）这些评点者大多具有良好的文化修养，但又多是科场失意、仕途坎坷之人，故其行为多是“发愤批书”。所以，评点者们一方面比较关注小说的思想主题、艺术水准，另一方面也将自己的人生体悟、学识认知注入书中。甚至可以说，评点者之于其所评点的小说，有时有着再造的作用。小说题目是小说的精神所在，更是评点者仔细玩味和品评的部分，从小说题目中也可以看出评点者的身世寄予、文化修养、个人目的等。在这个过程中，“发愤批书”成为一种群体性的行为，他们的情感、意气转化为一种文人性的意识予以表达。同时，由于评点者各自的身世遭际、学识修养、目的意图的不同，他们对小说命名的评点和阐释也因人而异，从而形成了个人性的表达。所以，在本书的具体分析中，将其分为两类，一是“文人性”与小说命名，二是“个人性”与小说命名。中国古代的小说评点主要集中在白话通俗小说，所以本书的论述也以章回小说为主，列举命名现象、分析造成此种现象的原因，以及阐明由此而产生的对白话小说命名的诸多影响。

一、“文人性”对小说命名的影响

“‘奇书’与‘才子书’均非小说之文体概念，而是明末清初通俗小说评价体系中两个重要的思想观念，是当时的文人士大夫为提升通俗小说的‘文化品位’和强化通俗小说的‘文人性’而作出的理论阐释与评判。”①评点者强化通俗小说作者的文人主体性的行为与动机，正是他们自身抑郁不得志的情感的曲折反映，他们以“发愤批书”的行动给予小说以崇高的评价和极富新意的冠名，达到一鸣惊人的目的，同时也彰显了“不平则鸣”的心态。从所批之书到评点者自身，这种“文人性”都贯穿始终。中国古代小说的地位比较低下，文人士大夫对它的评价，尤其是赞赏、褒奖之词会产生巨大的效应，出于宣传销售、标新立异等目的，响应者纷至沓来，此种关于小说的评价在一个时期、一个领域内形成了一种潮流。在此过程中，超拔脱俗的“文人性”在极度张扬中达到高峰，而后随着商业意识的渗入，逐渐走向庸俗和泛滥。

---

① 谭帆、王冉冉、李军均：《中国分体文学学史》小说学卷，山西教育出版社 2013 年版，第 190 页。

（一）“才子书”与小说命名

小说的评点者多是当时的“奇士”“怪杰”，他们不拘于常情常理，且自命不凡。最早将所批之书冠以“才子书”的是金圣叹，其将所批的《水浒传》命名为《贯华堂第五才子书水浒传》。金圣叹不啻是文坛“怪杰鬼才”，他的所为是其文人做派的一种体现，“当初金圣叹将自己所品评的《离骚》、《庄子》、《史记》、杜工部诗、施耐庵《水浒传》、王实甫《西厢记》号称为世间‘六才子书’时，只不过是以他惯用的故作惊人之语，表达了对这些作品的独特评价和倾倒之情”①。由于原著的技压群类，加之评点者的锦上添花，其书身价倍增，遂使“才子”之名也蔚然成风，出现了《第二才子好逑传》《三才子玉娇梨》《四才子平山冷燕》《第八才子书花笺记》《第九才子书平鬼传》等书，“才子书”的名目几乎涵盖了白话长篇小说的所有题材，甚至出现以“才子”之名头，取代原书之名，如《第一才子书》即代指《三国演义》，可见影响之大。而更值得注意的是，“才子”对“演义”的替代。“演义”在明清时期是对章回小说甚至是白话小说的统称，是一个“类”的概念，替代后“才子书”也具有了“类”的含义和吸引力，“才子书”从一个跨文类的随意称呼，变成众多小说家、出版者都愿聚于其名之下的相对稳固的优秀小说通名。其间，也许包含了丰富的文化信息，要深入地理解章回小说，不能不注意到这个独特的称呼。② 这是中国古代白话小说命名的重要现象之一。

“才子书”的称呼，在演变的过程中，具体内涵发生了变迁。“才子”一词，在早期是指称有德之士，后期用来指称文墨之士，而“降及唐代，以‘才子’称呼文人者比比皆是”③。之后，元人在为唐代诗人作传时，将其书命名为《唐才子传》，这样“才子”一词成了对文人的称呼，尤其是对优秀文人的专称。延至明朝，“以‘才子’为名号者充斥于诗坛”④。“金氏选取古今六大才

---

① 罗书华：《章回小说的命名和前称》，载《明清小说研究》1999 年第 2 期。

② 参见谭帆主编：《中国古代小说文体文法术语考释》，上海古籍出版社 2013 年版。

③ 谭帆、王冉冉、李军均：《中国分体文学学史》小说学卷，山西教育出版社 2013 年版，第 197 页。同时，本书关于“才子”一词的梳理，参考的是该书第四章中第四节。

④ 谭帆、王冉冉、李军均：《中国分体文学学史》小说学卷，山西教育出版社 2013 年版，第 197 页。

子之文章，定为‘六才子书’，正与此一脉相承。”[①]那么，在这里“才子”指的是书的作者。在金氏之后，再用“才子书”之名的是“天花藏主人”，其著《三才子玉娇梨》《四才子平山冷燕》两部小说，在这里“才子”指的是小说中的人物，即苏友白、白红玉、卢梦梨、平如衡、山黛、冷绛雪、燕白颔等七位才子，故两书又名“七才子书”。而后，毛氏父子在托名金圣叹评点的《三国演义》中，又托名金氏作了一篇《序》，《序》中大赞三国之英雄辈出、激赏毛氏父子“所评《三国志》之稿，观其笔墨之快，心思之灵……而后，知第一才子书之目，又果在《三国》也”[②]。毛氏父子借金圣叹之名，大赞《三国演义》其书和自己的评点，那么，“才子”又指向了评点者自己。这样，“才子”既可指小说的作者、评点者，也可指小说中的具体人物，涵盖面十分广阔。同时，当商业的行为介入时，“才子”又成为作家对其所著之书的吹嘘之词，作家希图所著之书畅销，故多附和“才子”之称呼。“才子”之名由多含品级评定的意味而俗化、泛化，这就造成了白话小说一书多名和名不副实的现象。

（二）“奇书”与小说命名

在小说领域，较早提出“奇书”之说的是明代屠隆，在其《鸿苞·奇书》一文中将诸多文言小说称为“奇书”[③]。之后的张无咎在《批评北宋三遂新平妖传叙》中将通俗小说的优秀者称之为“奇书”[④]。而将通俗小说称为“奇书”并产生较大影响的是冯梦龙，“昔弇州先生有宇宙四大奇书之目，曰《史记》也，《南华》也，《水浒》与《西厢》也。冯梦龙亦有四大奇书之目，曰《三国》也，《水浒》也，《西游》与《金瓶梅》也”[⑤]。除原著的影响之外，冯梦龙在通俗

---

① 谭帆、王冉冉、李军均：《中国分体文学学史》小说学卷，山西教育出版社 2013 年版，第 198 页。

② 朱一玄编：《明清小说资料选编》（上、下），南开大学出版社 2006 年版，第 69 页。

③ ［明］屠隆《鸿苞》言：“《山海经》、《穆天子传》、东方朔《神异经》、王子年《拾遗记》、葛稚川《抱朴子》、梁四公谭九州之外，陶弘景《真诰》，此至人得道通明彻玄神明而照了者也。邹衍谭天，刘向传列仙，郭子横《洞冥》、张华《博物》、任昉《述异》、段成式《酉阳杂俎》，此文士博学冥搜、广采见闻而记载者也。奇书一耳，其不同如此，具眼者不可不知也。”

④ 《批评北宋三遂新平妖传叙》云：“小说家以真为正，以幻为奇。然语有之：‘画鬼易，画人难。’《西游》幻极矣，所以不逮《水浒》者，人鬼之分也。鬼而不人，第可资齿牙，不可动肝肺。《三国志》，人矣，描写亦工，所不足者幻耳。然势不得幻非，才不能幻，其季孟之间乎？尝辟诸传奇：《水浒》《西厢》也；《三国志》《琵琶记》也。《西游》，则近日《牡丹亭》之类矣。他如《玉娇梨》《金瓶梅》，另辟幽蹊，曲中奏雅，然一方之言，一家之政，可谓奇书，无当巨览，其《水浒》之亚乎。”

⑤ 李渔：《李渔全集》第 18 卷，浙江古籍出版社 1991 年版，第 538 页。

文学领域有着巨大的号召力。当时正值王阳明的“心学”大行于世,而“阳明心学”在理论上提高了通俗小说的地位和作用,后来以李贽为代表的诸多文人对通俗文学又进行了大力的吹捧,故通俗小说得到了前所未有的推崇。以“奇书”评论通俗小说,在当时也形成了一种品评的风气,“古有‘四大奇书’之目,曰盲左,曰屈骚,曰漆庄,曰腐迁。迨于后世,则坊佣袭四大奇书之名,而以《三国》《水浒》《西游》《金瓶梅》冒之”①。“今天下小说如林,独推三大奇书,曰《水浒》《西游》《金瓶梅》,何以称乎?《西游》阐心而证道于魔,《水浒》戒侠而崇义于盗,《金瓶梅》惩淫而炫情于色,此皆显言之、夸言之、放言之,而其旨则在以隐、以刺、以止之间。唯不知者,曰怪、曰暴、曰淫,以为非圣而畔道焉。”②卢联珠更是在《第一快活奇书序》中标举与其“奇书”相称者为“《三国》之谲、《西游》之幻、《西厢》之荡、《水浒》之侠”。“奇书”之称名扬天下,《金瓶梅》被誉为“第一奇书”,《野叟曝言》被称为“天下第一奇书”,还有《第六奇书玉瓶梅》。“由于它所指称的对象是一色的现今所谓的章回小说,且都是其中出类拔萃者,具有区别于其他作品的共同特性,因而‘奇书’获得了‘体’的资格。”③这样,“奇书”与“才子书”相似,成了一个“类”的象征,也成为一个时期内对白话章回小说的代称。而且出现了二者并称的现象,如《三国演义》既被称为“第一才子书”,又被叫作“四大奇书第一种”。“奇书”“才子书”指同一部书,既是对原著成就的肯定,也是促销心理所导致,这也是白话小说命名的重要特点之一。延至后期,如《后唐奇书莲子瓶传》《龙潭鲍骆奇书》《忠烈奇书》《第一奇书钟情传》《第一快活奇书如意君传》《第一奇书莲子瓶》《群英杰后宋奇书》《醒世第二奇书》《铁冠图忠烈全传》(又名《忠烈奇书》)等,虽亦多用“奇书”之名,但已不具有鉴定小说品级的作用,而单纯是作者(书坊主、评点者)促销的手段而已。同“才子书”一样,“奇书”也呈俗滥的趋势。

“才子书”与“奇书”的提出是文人对小说作品中思想超拔、艺术精湛之

① [清]李海观:《歧路灯自序》,见朱一玄编:《明清小说资料选编》(上、下),南开大学出版社2006年版,第888页。

② [清]西湖钓叟:《续金瓶梅集序》,见丁锡根:《中国历代小说序跋集》,人民文学出版社1996年版,第1118页。

③ 罗书华:《章回小说的命名和前称》,载《明清小说研究》1999年第2期。

作的赞誉,具有浓厚的文人习气和诸多的艺术品评。同时,也与当时的社会思潮和明人酷爱“标榜”的风气相互契合、相互推动,并最终形成明末清初以“才子书”“奇书”品评鉴赏小说、命名小说的一股文学潮流。当时的小说刊刻纯是书坊主所为,而创作也多是书坊主与文人相互交叉的结果,因此,商业因素的渗入也就成了必然。在金圣叹之后,最早以“才子书”之名题名、刊刻小说的是兼有作者与书坊主身份的“天花藏主人”,这一点充分地说明了“才子书”“奇书”在广告宣传中的作用。诚然,中国古代通俗小说的发展离不开书坊主,但随着书坊主对“才子书”“奇书”介入的逐渐加深,“才子书”“奇书”的“文人性”逐渐被小说的“商品性”所取代,最终走向了文人主体性、小说文化性的没落。

二、“个人性”对小说命名的影响

评点者在批书之时,或因生活感受的不同,或因文化观念的不同,或因对小说关注点的不同会形成自己对小说独特的见解,形成“个人性”的话语。评点者又多会通过小说评点的方式来表达自己独特的“个人性”感悟与体会。而且,“评改一体”的小说评点模式又使他们毫无顾忌地直接修改或更换原著的题目。通过这种一目了然的方式,我们也可以直接感触到评点者的“个人性”。这种“个人性”主要表现在评点者的身世遭际、文化修养、个人目的、名家效应四个方面。而且,著名评点家的独到见解和思想会影响与其所评之书相关的小说的作者,这种影响较多体现在小说的命名上。

(一)身世遭际对小说命名的影响

李贽《忠义水浒传序》云:“《水浒传》者,发愤之所作也。盖自宋室不竞,冠履倒施,大贤处下,不肖处上。驯致夷狄处上,中原处下……则前日啸聚水浒之强人也,欲不谓之忠义不可也。是故施、罗二公传《水浒》,而复以忠义名其传焉。”①李贽从民族矛盾、忠奸斗争的角度,赞《水浒》之忠义可嘉。大涤馀人《刻忠义水浒传缘起》亦云:“亦知《水浒》唯以招安为心,而名始传,其人忠义也。施、罗唯以人情为辞,而书始传,其言忠义也。所杀奸贪淫

① [明]李贽:《忠义水浒传序》,见朱一玄编:《〈水浒传〉资料汇编》,南开大学出版社2012年版,第171页。

稷,皆不忠不义者也。”[①]这里指出水浒之忠义在于以招安为终,以杀奸邪贪官为手段。而天海藏《题水浒传叙》中言:“英雄豪杰,愤国治之不平,悯民庶之失所,乃崛起山东,乌合云从……彼盖强者锄之,弱者扶之,富者削之,贫者周之,冤屈者起而伸之,囚困者斧而出之。原其心虽未必为仁者博施济众,按其行事之迹,可谓桓文仗义,并轨君子。”[②]可谓是对《水浒》忠义之说的全面阐释。但有巨大影响的金批本却改名为《水浒传》,并且金圣叹特意在《第五才子书施耐庵水浒传·序二》中,细陈“乃谬加以忠义之目”,猛批“忠义之说”,言《水浒》为“天下之恶物,天下之所共弃也。若使忠义而在水浒,忠义为天下之凶物恶物乎哉!”“是故由耐庵之《水浒》言之,则如史氏之有《梼杌》是也”等等,此类言论比比皆是。可见,金圣叹与前辈评点者的观点大相径庭,尤其与对他产生影响的李贽针锋相对。

金圣叹生活在明末清初、易代战乱之际的苏州,是江南文人的佼佼者,而江南文人惯有的民族气节、反清复明的思想在他那里似乎没有体现。这与他独特的身世遭际有关。崇祯四年(1631),张献忠、罗汝才“就抚”于洪承畴,得到喘息之际后复又造反,进入山西。崇祯七年(1634),李自成等被围于陕南车厢峡,伪降于总督山西河南五省军务陈奇瑜。得到陈奇瑜准许后,农民军才得以走出车厢峡,而“即出险,杀监视官五十人”。崇祯八年(1635),李自成对洪承畴“计穷乞抚”,得粮后,反又走汉中。崇祯十一年(1638),张献忠在谷城降于熊文灿,同年罗汝才也降于熊文灿,仅隔一年,崇祯十二年(1639),两人复反,大破官军,全国震动。明政府的招安政策,总是被农民军利用,并因此牵连大量能臣武将。[③] 金圣叹对江南起义军出尔反尔、鱼肉百姓、屠戮血腥的种种行径有着切身的感受。而这些独特的阅历使得金圣叹一方面对封建统治之昏庸深恶痛绝,另一方面对农民起义也痛定思痛、毛骨悚然,故形成了其独特的政治观点,即企望传统封建统治的治世

---

① [明]大涤馀人:《刻忠义水浒传缘起》,见朱一玄编:《〈水浒传〉资料汇编》,南开大学出版社2012年版,第199页。

② [明]天海藏:《题水浒传叙》,见朱一玄编:《〈水浒传〉资料汇编》,南开大学出版社2012年版,第192页。

③ 参见董国炎:《明清小说思潮》,山西人民出版社2004年版。

局面重新出现。[1] 金氏在评点《水浒传》时，一方面揭示"乱自上作"，指出统治者的暴戾无能、鱼肉百姓，进行政治上的批判，另一方面又痛斥起义军为"凶物"。"圣叹批《西厢记》是圣叹文字，不是西厢文字"，小说亦然。那么，这种由于身世遭际所形成的矛盾感情很自然地注入其所批之书中，并对小说的命名产生了直接的影响。

（二）文化修养对小说命名的影响

《西游记》产生后，自陈元之《西游记序》言："其叙以为孙，狲也；以为心之神。马，马也；以为意之驰。八戒，其所八戒也；以为肝气之木。沙，流沙；以为肾气之水。……是故摄心以摄魔，摄魔以还理。"[2]李贽在《批点西游记序》中说："东生方也，心生种种魔生。西灭地也，心灭种种魔灭；魔灭然后有佛，有佛然后有经耳。"[3]后又有袁于令在《西游记题词》云："魔非他，即我也。我化为魔，未佛皆魔。"[4]那么，关于《西游记》的评论始终围绕着"佛魔心性"的话题，"心学"似乎成为众志所矢。《西游记》的最早刊本乃是万历二十年（1592）世德堂本，而早在正德年间（1506—1521）王阳明的"心学"就已兴起，延至后期"心学"又与"狂禅"相联系。而更早的是自元朝始，官方虽大力提倡儒学，但实际的朝野之间则是道佛并行。明初，道学渐弱，而至明朝中期复又显赫，后期皇帝所信非道即佛，三教的合流已经成为整个历史的发展趋势，"心学"最终成为三教的结合点。[5] 当时朝廷达官显贵、江湖文人墨客无不受其影响，高官者如内阁首辅张居正，平民如王艮，文人更是数不胜数，如李贽、汤显祖、冯梦龙、公安三袁，朝野弥漫。那么，元明是"心学"酝酿、成熟、独立、壮大、繁盛的时期，"心学"成为当时之显学。陈元之在《西游记序》中，将"心学"与阴阳五行之说结合，阐释《西游记》。"心学"本身讲求

---

① 参见陈洪：《金圣叹传》增订版，人民文学出版社 2012 年版。

② ［明］陈元之：《西游记序》，见朱一玄、刘毓忱编：《〈西游记〉资料汇编》，南开大学出版社 2012 年版，第 225 页。

③ ［明］李贽：《批点西游记序》，见朱一玄、刘毓忱编：《〈西游记〉资料汇编》，南开大学出版社 2012 年版，第 226 页。

④ ［明］袁于令：《西游记题词》，见朱一玄、刘毓忱编：《〈西游记〉资料汇编》，南开大学出版社 2012 年版，第 223 页。

⑤ 参见杨义：《中国古典小说史论》，中国社会科学出版社 2004 年版。

"明心见性""心生魔灭",作为"心学"与"狂禅"代表的李贽[①],对《西游记》的解读完全是从心魔关系入手。袁于令接受"阳明心学",特别是深受李贽思想的影响,其对《西游记》的解释,几乎就是李贽思想言语的翻版。可见,评点者在对小说进行评价的时候,自身所受的文化熏陶、自己的文学修养,都会对他的小说观点产生重要的影响。

在明代,关于《西游记》的品评几乎都集中于阐释其与佛魔心性之间的关系,即以阐释书中的义理见长。后至清初,此种倾向愈演愈烈,且所阐释之义理愈加纷繁复杂。汪象旭、黄周星认为,《西游记》乃是一部"证道"之书,并改其书名为《西游证道书》。汪、黄两人认为《西游记》是"仙佛同源之书",其"老释原无二道"。看似是以佛道二教阐释小说,但细读此书并非如此。书中未谈到具体的佛教观念,也并未引用具体的佛教典籍,与之相反的是,道教的观念和典籍在书中被引用得如数家珍,那么"深究起来,《西游证道书》的评点其实主要以道教观念来阐释《西游记》"[②]。据史书所载,汪象旭号残梦道人,自称"奉道弟子",其还写过《吕祖全传》,可见其道学修养之深厚。黄周星别署笑仓道人,可见他也是一位信奉道教的人士。那么,两人在道教的信仰上可谓志同道合,他们从道教的观念出发,对《西游记》进行"证道",正是其身份修养的体现。而言"《西游》一书,古人命为证道书,原是证圣贤儒者之道,至谓证仙佛之道,则误矣"[③]。只是教人诚心为学,不要退悔的张书绅,其完全否定了以汪、黄二人为代表的以佛道阐释《西游记》的论断。继之而起的是张氏从正统儒家的思想来解读《西游记》,[④]并且为了着意突出自己之新意,将所评之书改名为《新说西游记》。延至后期,较有影响的《西游记》评点,是陈士斌的《西游真诠》和刘一明的《西游原旨》。陈、刘二人分别号"悟一子""悟元子",那么"真诠""原旨"也就自然都是二人运用道教观念对小说宗旨的探索和解释。[⑤]"评议此书者有清人山阴悟一子陈士

① 参见陈洪:《中国小说理论史》,天津教育出版社 2005 年版。

② 谭帆、王冉冉、李军均:《中国分体文学学史》小说学卷,山西教育出版社 2013 年版,第 437 页。

③ 同上,第 438 页。

④ 参见谭帆、王冉冉、李军均:《中国分体文学学史》小说学卷,山西教育出版社 2013 年版。

⑤ 同上。

斌《西游真诠》（康熙丙子尤侗序），西河张书绅《西游正旨》（乾隆戊辰序）与悟元道人刘一明《西游原旨》（嘉庆十五年序），或云劝学，或云谈禅，或云讲道，皆阐明理法，文词甚繁。然作者虽儒生，此书则实出于游戏，亦非语道，故全书仅偶见五行生克之常谈……使三教之徒，皆得随宜附会而已。”[①]鲁迅先生对明清关于《西游记》评点的见解，可谓一语中的。“《西游记》被这三四百年来的无数道士和尚秀才弄坏了，道士说，这部书是一部金丹妙诀；和尚说，这部书是禅门心法；秀才说，这部书是一部正心诚意的理学书。”[②]胡适先生的话更为直白地说出了《西游记》的评点特色。两位先生都是持着客观、科学的态度开启了中国古代文学研究科学化的大门，他们对《西游记》评点的论述正好说明了，从明至清评点者都是以阐释此书的主旨为目的，但是又都以自己独特的文化视角、文化修养为根基，阐释自己的一人之见。在此过程中，甚至于脱离小说文本，进行牵强附会的解读。

随着文人参与小说评点程度的加深，文人个人因素对小说评点的影响程度也愈加显豁，而文人自身的思想意识、文化修养也成为影响小说评点的重要因素，并且直接体现在小说的题名上。同时，由于文化修养的深浅不一、术业专攻的不同，往往会形成各自不同的世界观、人生观、价值观，这也使得他们对小说的理解相互迥异，甚至大相径庭。而他们在命名中着意突出“证道”“新说”“真诠”“原旨”之类的词语，是想证明自己之见的正确。而这些词语的使用也从另一方面反映出了评点者文化底蕴、文化修养的多样化，更充分地说明了文化修养对小说命名的影响。

（三）个人目的对小说命名的影响

《三国演义》的嘉靖本名为《三国志通俗演义》，小说命名中突出“通俗”二字，蒋大器在《三国志通俗演义序》云：“文不甚深，言不甚俗，事纪其实，亦庶几乎史。盖欲读诵者，人人得而知之，若诗所谓里巷歌谣之义也。”[③]张尚德在《三国志通俗演义引》云：“故好事者，以俗近语，檃栝成编，欲天下之人，

① 鲁迅：《中国小说史略》，春风文艺出版社2020年版，第106页。

② 胡适：《胡适古典文学研究论集》下册，上海古籍出版社2013年版，第758页。

③ ［明］蒋大器：《三国志通俗演义序》，见朱一玄编：《明清小说资料选编》（上、下），南开大学出版社2006年版，第58页。

入耳而通其事,因事而悟其义,因义而兴乎感,不得研精覃思,知正统必当扶,窃位必当诛,忠孝节义必当师,奸贪谀佞必当去;是是非非,了然于心目之下,稗益风教,广且大焉,何病其赘耶?"[①]二者都对其易于流传、便于教化的"通俗性"优点,大加赞赏。但毛氏父子的评点本改名为《三国志演义》,力去其"通俗"二字,意在表明毛氏之本与"俗本"之不同。毛宗岗在《三国志演义凡例》中,称"俗本"的词语"龃龉不通""冗长""复沓""纪事多讹""事不可阙者""提纲参差不对、杂论无章",等等。他从言语措辞、叙事结构、宗旨命意等方面累计十余条,将其批得体无完肤。而毛氏如此恶批"俗本",并着意更改书名,其目的无非是推崇自己的"评本"好让其书在传播中得以畅销。但值得注意的是,毛氏父子的做法不同于书坊主单纯地谋求经济利益。

毛氏父子是学养丰厚的文人士大夫,他们的评点动机更多的是"批书自娱""自我寄托",更改书名的着意点是标新立异、引人瞩目,达到著书立说的目的。这从《三国志演义》的评点者题名中,亦可得到印证。虽然评点本的题名历来不一,但毛氏父子始终承认其书与自己有密切的关系,大都直言此书就是自己所评。"如醉耕堂本封面刻'声山别集',正文题'茂苑毛宗岗序始氏评,吴门杭永年资能氏评定';乾隆三十四年世德堂本扉页题'毛声山批三国志';清大魁堂扉页上栏题'金圣叹外书',右题'毛声山评点三国志';同治二年聚盛堂本扉页题'毛声山批点三国志'等。"[②]虽然毛氏父子也有假托金圣叹之嫌,但这与书坊主倚仗名公名号的做法完全不同,这可以从后来发生的背师逆徒的事件中得到印证。当著作权受到侵犯时,毛氏父子急于利用各种方法和途径来澄清他们才是此书的真正作者,这足以说明在名利之间,毛氏父子更在乎"著书立说""评书留名"。[③] 所以,文人的个人目的也是影响小说命名的重要因素。

(四)名家效应对小说命名的影响

李卓吾强调"发愤批书",而后,"四大奇书"的评点家更将其发扬光大,

---

① [明]张尚德:《三国志通俗演义引》,见朱一玄编:《明清小说资料选编》(上、下),南开大学出版社 2006 年版,第 58 页。

② 谭帆:《中国小说评点研究》,华东师范大学出版社 2001 年版,第 240 页。

③ 参见陈洪:《中国小说理论史》,天津教育出版社 2005 年版。

并成为最完美的体现者。[1] 著名评点家对所批之书的独特讲解,也对后世文人的创作产生巨大的影响,并直接体现在他们对自己所著小说的命名上。小说《三续金瓶梅》又名《小补奇酸记志》,作为《金瓶梅》的续书,作者明显受张竹坡的《竹坡闲话》中“奇酸”说的影响。张竹坡在《批评第一奇书〈金瓶梅〉》中作《苦孝说》云:“一曰含酸,再曰抱阮,结曰幻化,且必曰幻化孝哥儿,作者之心,其有余痛乎;则《金瓶梅》当名之曰‘奇酸志’‘苦孝说’。”[2]提出“奇酸”“苦孝”一说,成其一家之言。而讷音居士在《三续金瓶梅自序》言:“续一部艳异之篇,名《三续金瓶梅》,又曰《小补奇酸记志》,共四十回。补其不足,论其有余。”[3]意欲“补其不足”之处恰是补“奇酸志”一说。那么,续书作者继承张竹坡之思想,在其命名上一目了然。

而俞万春给自己的《水浒传》续书起名为《荡寇志》,除了受自身经历的影响,不能不说受金圣叹“恶其忠义”的影响。俞万春在《荡寇志缘起》里说:“偶见东都施耐庵先生《水浒传》,甚惊其才……觉其命意深厚而过曲。”[4]他写《荡寇志》的目的就是承施之意,而自金圣叹“腰斩”本出,风靡天下,其他各个版本皆销声匿迹。因此,金圣叹成了施氏之意的合法阐释者。“耐庵之有《水浒传》也,盛行海隅……原夫耐庵之本旨,极欲挽斯世之纯盗虚声,笼络驾驭之术。特不明言其所以然,仅从诡谲当中,尽力描写,以待斯人之自悟,充是意也……嗣因圣叹出,不惮烦言,逐层剔刷,第诈伪之情形虽显,而奸徒之结末未详……出其先人《荡寇志》遗稿……觉其发微摘伏,符合耐庵。”[5]这段序言说出了正统观念对《水浒传》的认识,以及对其评点之书和续书的评价,它一方面说明了金圣叹“恶其忠义”之说有着广泛的社会认同,另一方面也印证了俞万春对金氏思想的承袭。是书也正是接续“腰斩”本的七十回《水浒传》而写,小说的结局是张叔夜设计俘获宋江全伙,并将其斩尽杀

---

① [清]张竹坡《竹坡闲话》云:“我自做我之《金瓶梅》,我何暇与人批《金瓶梅》也哉!”

② 郭预衡主编、段启明等编写:《中国古代文学史长编》元明清卷,首都师范大学出版社2000年版,第579页。

③ 石昌渝主编:《中国古代小说总目》白话卷,山西教育出版社2004年版,第316页。

④ [清]俞万春:《荡寇志缘起》,见朱一玄编:《明清小说资料选编》(上、下),南开大学出版社2006年版,第343页。

⑤ [清]古月老人:《荡寇志序》,见朱一玄编:《明清小说资料选编》(上、下),南开大学出版社2006年版,第344页。

绝。小说又名《结水浒传》,"结"圣叹之所"未结"。承上所言,《西游记》的评点强调对其意旨的探求,在其仿书中有《东游记》一书,而《东游记》又名《西游记释喻》,作者在书中第二十四章又自言"则《西游》《东游》其心一也",可见是书也是对"心"的探索和"释喻"的追求,足见评点之影响。《扫魅敦伦东度记》又名《续证道书东游记》,则是更有力的证明。《东游记》言"证道"是从关于《西游记》的评点中而来,《扫魅敦伦东度记》题目中的"扫魅敦伦"的意思是"扫魅还伦,尽归实理",也恰好是"证道"的另一种说法。从几部书的类型可看出,评点者的影响不仅在所批之书的续书,更有承其观念而另著新书者。从这些书的命名中,更可见古代小说评点自身的独特价值。

从泛化"才子书""奇书"的"文人性"表达,到身世遭际、文化修养、个人目的、名家效应的"个人性"追求,评点者在共性和个性两个层面深深地影响着小说的命名,令小说命名所反映出的文学与文化现象如此丰富。同时,也正是由于这些可以比肩甚至超过原作者的读者群的存在,让中国古代小说,尤其是章回体小说,取得了更为璀璨的成就。小说命名承载着这些荣耀,也承载着这些伟大评点家们的光辉,让这些非原作者类文人的思想成就与艺术造诣得以被认识、被认可,最后得以被保存,甚至对后世也产生了较大的影响。

第二节　书坊主的影响

书坊主是古代小说,尤其是白话长篇小说传播的重要参与者,更是早期章回小说的编撰者。为了打开销路、占有市场、获取利润,达到畅销的目的,书坊主可谓绞尽脑汁、花样翻新。而作为小说首要标志的题目,则自然成为他们的主要用力的地方。此部分就以书坊主常用的小说名称方式为依据,论述商业因素对小说命名的影响。按照书坊主在改动和创建小说及小说命名中的动机进行分类,将其行为分为商业广告意识和商品创新意识两种情况。而占有市场、获取利润体现的都是书坊主对读者需求的满足,故对书坊主与小说命名的论述亦是对读者与小说命名的探讨。

一、商业广告意识与小说命名

明中后期,商品经济繁荣,市民阶层兴起,市民阶层对小说的需求量增大,这就为小说的流通提供了广阔的市场。同时,刊刻技术得以更新,刊刻业日渐繁荣。广大的书坊主们为了追求经济效益,满足读者的各种需求,开始了绞尽脑汁、花样翻新的刊刻和创造。在小说书名中加入广告性的词汇来吸引读者,标示此书与众不同之所在,成为书坊主惯用的手法。这些带有浓厚的商业广告性质的词汇,在小说命名中大致有以下几类:一是标示刊刻时间与版次,强调版本之新之精,如新刊、新刻、新锲、新编、新纂、新订、新说、新增、新辑、鼎锲、精镌、精编、精选、精订、重镌、重订、新增、插增、增补、增订、重订、校正、考订、补订等;二是标示版本的正规性、权威性,如按鉴、参采史鉴、参补、京本、古本、秘本、原本、官板等;三是标示版本为评点本、注释本、绘图本、通俗本等普及性的版本,如通俗、大字、音释、音诠、注释、评释、旁训、绣像、补相(像)、全相(像)、出相(像)、绘图、评点、评林、题评、批评、批点、评定、评论、圈点、增评等。而且,这些广告性的词语也呈现出叠加使用的状态,如《京板全像按鉴音释两汉开国中兴志传》《新刻校正古本大字音释三国志通俗演义题评》《新镌校正京本大字音释圈点三国志演义》《新刻音释旁训评林演义三国志传》《新刊出像补订参采史鉴唐书志传通俗演义题评》《新刻汤学士校正古本按鉴演义全像通俗三国志传》等。广告语、修饰词可谓目不暇接、花样百出。而如此琳琅满目的书籍翻新重刻标识,无非都是书坊主想极尽广告美化之能事来推销自己的商品,牟取利润。而纯粹盲目的商业追逐也造成了大多数的宣传广告语名不副实,导致古代小说命名的混乱和虚假的情况。更有甚者,书坊主为了节约版面,达到降低成本的目的,在翻刻重刻的过程中,采取压缩字数、缩小字号、增加分栏、双面刊刻、篡改情节(甚至直接删减情节)等办法,使得古代小说的版本俗烂不堪、品质低劣。当作为艺术追求的文学行为裹挟着商业的利益,特别是商业转而成为文学兴趣和发展的原动力时,文学的艺术性和质量也就只能让位给追求量大从优的商业利益。

但在大量的广告促销行为里,也不乏身体力行者,可以看作乱象中的一小股"清流"。而且,这些行为所引发的文学和文化现象,更值得我们重视和思考。一是在标示版本时间之新、版本之精良，强调“新”“重”“精”“增”“插”“补”版本的制作过程中，书坊主也的确不是单纯地翻刻，而是对小说的人物、情节进行了增删和调整。大致的做法是：增加故事性、传奇性较强的情节和人物，删去大量韵语、诗词等抒情性和描写性较强的文字，删去可有可无的次要人物，突出小说故事的中心地位，将一切的细枝末节几乎统统删去。总之极大地强化小说的故事性、情节的离奇性、人物的传奇性、故事的新奇性。这些做法，使得小说的故事情节更加新奇流畅，小说的人物形象更加传奇新颖，小说的艺术性得以发展，也更加符合读者的阅读期待，有利于小说的接受、传播和流动，推动了小说领域整体的发展，更使得书坊主成功地扮演了小说创作成熟期到来之前重要的过渡性角色——从群体创作到文人独立创作，一定程度上促进了作者身份最终的蜕变完成。与此同时，我们也应该注意到书坊主整体素质偏低和对读者一味迎合的情况，这在一定程度上伤害了古代小说的艺术性，且加剧了古代小说的版本复杂而善本稀少的现象，也导致了古代小说数量庞大而精品稀缺的状况。商业利益的双刃性，在文学现象中表现得淋漓尽致。

在书坊主标示版本正规性、权威性、特殊性的小说的创作中，文学活动所折射出的文化现象则更为复杂。“京本”“官板”“按鉴”“参采史鉴”“参补”现象的出现，折射出官方观念与民间想法的部分吻合、士大夫责任感与书坊主敏锐性的巧妙结合。作为章回体小说开山与典范之作的《三国志通俗演义》起初不是由书坊主刊刻的，而是由朝廷的司礼监经厂刊刻的，此地后来还刊刻过《水浒传》。而《三国演义》《水浒传》刊出后，风靡天下，大量的民间书坊开始纷纷翻刻。在翻刻过程中，明代书坊主的高明之处就是强调自己版本的权威性，他们以此方法击败竞争对手，从中可初步地看出早期书籍的版本意识。“京本”则主要表明书坊刊刻小说时，翻刻的是北京、南京的两京刊本，尤其指的是讲求精良品质的南京刊本。[①]“官板”则更明确地指出刊刻时采用的是官方的刻版。官方刊刻的初衷是通俗正史、匡正人心、资政通鉴，而书坊主抓住了“通俗”以迎合市井民众，在官方与民间之中，既直接获取了利益，也间接推动了处于萌芽期的章回体小说的发展。

① 参见程国赋：《中国古代小说命名刍议》，载《文艺研究》2011 年第 11 期。

"按鉴""参采史鉴""参补"的现象则更是如此。北宋司马光所著《资治通鉴》是在传统官方史书承袭《史记》的体例之外，采用编年体的形式。南宋朱熹撰的《资治通鉴纲目》使得浩瀚的《资治通鉴》提纲化、目录化，便于查阅和翻检。元末明初出现了《三国演义》的抄本，嘉靖元年(1552)出现了《三国演义》的刊本，一时间《三国演义》风靡天下、洛阳纸贵。诚如上文所言，书坊主从牟利的角度出发，开始大量地编撰演义类小说，"自罗贯中氏《三国志》一书，以国史演为通俗演义，汪洋百余回，为世所尚。嗣是效颦者日众，因而有《夏书》《商书》《列国》《两汉》《唐书》《残唐》《南北宋》诸刻，其浩瀚与正史分签并架"[①]。同时，明朝中后期，官方提倡历史普及化的运动，号召民间进行历史知识的学习。那么，"参鉴演义""按鉴演义"不仅是书坊主的意愿，还有了官方提供的支持。而《三国演义》运用的是"据正史，采小说"的方法，其所采的正史固然有陈寿的《三国志》，但主要是司马光的《资治通鉴》和朱熹的《资治通鉴纲目》，这从小说所采用的编年体例就可以看出。而且，自朱熹《资治通鉴纲目》刊刻后，效颦者繁多，如刘恕的《通鉴外纪》、金履祥的《通鉴前编》、钟惺的《资治通鉴正史大全》，等等。"通鉴纲目"类的书籍几乎涵盖了中国古代所有的历史时期，从盘古开天辟地，直到宋明。这些又为书坊主的"按鉴演义"提供了充足的资料和实际操作的可能性。"按鉴演义"风靡天下，"以王木传行状之实迹，按《通鉴纲目》而取义"[②]"一展卷而悉在目中"[③]"按鉴参演，补入遗缺"[④]。章回小说在此过程中快速发展，为以后的成熟打下了坚实的基础。史书撰写的纲目化、《三国演义》的示范性、官方运动的号召性、商业眼光的敏锐性，四者促成了这一文学现象的出现和繁荣，书坊主在这里也有着举足轻重的作用。

标示版本现象的出现，则让白话小说版本的发展到了白热化的阶段。

---

① [明]可观道人：《新列国志叙》，见朱一玄编：《明清小说资料选编》(上、下)，南开大学出版社2006年版，第6页。

② [明]熊大木：《大宋演义中兴英烈传序》，见朱一玄编：《明清小说资料选编》(上、下)，南开大学出版社2006年版，第151页。

③ [明]甄伟：《西汉通俗演义序》，见朱一玄编：《明清小说资料选编》(上、下)，南开大学出版社2006年版，第13页。

④ [明]王黉：《开辟衍绎通俗志传叙》，见朱一玄编：《明清小说资料选编》(上、下)，南开大学出版社2006年版，第1页。

标示版本是指在刊刻本上标示该本为绘图本(绣像本)、注释本、评点本、通俗普及本等版本信息,它们包含的历史现象则更为丰富。一是标示“补相(像)”“全相(像)”“出相(像)”“绘图”等的“绣像”一类。现存最早的小说插图是北宋嘉祐八年(1063)福建建安余氏靖安勤有堂镌刻的《烈女传》。到了元代“全相”小说开始形成了一定的规模,所谓的元刊全相平话五种,其中的“全相”就是绘画的意思。至明代嘉靖、隆庆年间,书坊刊刻小说繁盛一时,并开始标示含有“绣像”意味的广告宣传词,现在可见共八种。而从明万历年间至清康熙年间的白话长篇小说几乎无书不插图,足见其兴盛。① 书坊主为小说绘制插图叫作“绣像”,不管是事必躬亲还是雇工所谓,其行为本身一方面丰富了小说的内容和版本,增强了小说的娱乐性,扩大了小说的受众,推动了小说的传播,另一方面也极大地推动了中国古代绘画、版画艺术的兴起和发展。书坊主单纯的商业动机,带来了文学艺术多方面的发展,可谓意义深远。二是标示“音释”“音诠”“注释”的注释类本和“评释”“旁训”“题评”“批评”“批点”“评定”“评论”“圈点”“增评”“评点”等的评点类本。注释类多是在刊刻小说的时候,直接在小说上进行简单的注音、解释字义、注释地名,这些行为都是为了满足不同阶层读者的需求,尤其是对当时文化层次较低的市民阶层。相比较而言,评点类的小说的情况比较复杂,早期标示评点类广告的小说,其内容大致也和标示注释类的小说相同,也是以注音、训诂、解释地名、注解历史等为主。如万卷楼《新刊校正出像古本大字音释三国志传通俗演义》,前有周曰校的“识语”:“是书也刻已数种,皆伪舛。辄购求古本,敦请名士,按鉴参考,再三雠校,俾句读有圈点,难字有音注,地理有释义,典故有考证,缺略有增补,节目有全像。”②而到了后期,评点类的标示有了全新的意义。“从万卷楼本《三国志通俗演义》到双峰堂本《水浒志传评林》,小说评点逐步由注释向评论过渡。”③书坊主评点小说开始兴盛,据谭帆《古代小说评点简论》统计,亲自参加评点的书坊主共有五位,其所评之书如下:余象斗评《三国演义》《水浒传》《春秋列国志》;夏履先评《禅真逸

① 参见程国赋:《论明代通俗小说插图的功用》,载《文学评论》2009 年第 3 期。
② 谭帆:《中国小说评点研究》,华东师范大学出版社 2001 年版,第 170 页。
③ 同上,第 30 页。

史》《禅真后史》《扫魅敦伦东度记》；笔耕山房主人《宜香宜质》《弁而钗》《醋葫芦》；袁无涯托名李贽评点《新镌李氏藏本忠义水浒传》；陆云龙自评自编《魏忠贤小说斥奸书》《型世言》。而此一时期，文人参与小说评点的活动也大致开始，并有愈加兴盛的趋势。[①] 与文化修养较高和文学底蕴深厚的文人相比，书坊主自然相形见绌。伴随着文人评点小说的日益兴起与繁盛，“读者又矮人观场，见某老先生名讳，不问好歹，即捧讽之”[②]。由于文人评点之书，特别是当世名公评点之书备受青睐，书坊主们又开始了假借知名评点家、文学名宿之名来招揽读者的操作。而且，这些文坛名宿都是对通俗文学大加赞赏的人，如李贽、杨慎、汤显祖、冯梦龙等。其中，假托李贽评点的有《三国志演义》《忠义水浒传》《西游记》《片璧列国志》《后三国石珠演义》《混唐后传》《残唐五代史演义传》《武穆精忠传》《七十二朝人物演义》《绣榻野史》等十八种之多，是当时书坊主假托最多的；假托陈继儒评点的有《三教开迷归正演义》《南北两宋志传》《春秋列国志传》《详情公案》等六种；假托钟惺评点的有《三国演义》《封神演义》《全汉志传》《混唐后传》《忠义水浒传》等六种；假托杨慎评点的有《隋唐两朝志传》；假托徐渭评点的有《隋唐演义》；假托汤显祖评点的有《云合奇踪》《艳异编》等。具体做法如，万历四十三年（1615）龚绍山所刊《春秋列国志传》实为朱篁所评，书名却题为《新镌陈眉公先生批评春秋列国志传》，“识语”宣称：“本坊《新镌春秋列国志传批评》，皆出自陈眉公手阅，删繁补缺而正讹谬，精工绘像，灿烂可观。”更有甚者，假称有评点，实则无评点，如《新镌评点画图缘小传》《新镌古本批评绣像三世报隔帘花影》等。这样，“托名”既是指假托名宿文人之名，也是指假托评点之意。那么，无论是哪种，“托名”都是在评点之风的影响下而形成的小说命名的重要现象，也可以在某种程度上看作是评点者与书坊主的“合谋”，是读者群集体的“合谋”。

种种做法透露着书坊主浓厚的商业广告意识，他们以此提高所刊小说的身价，在激烈的竞争中赢得了利润。但却造成了古代通俗小说版本的复

① 参见谭帆：《古代小说评点简论》，山西人民出版社 2005 年版。

② ［明］盛于斯：《休庵影语》，见朱一玄、刘毓忱编：《〈西游记〉资料汇编》，南开大学出版社 2012 年版，第 316 页。

杂性和资料的博杂性,对后世的研究也造成诸多困难。如署名“华阳洞天主人校、闽建书林杨氏梓”的《鼎镌京本全像唐僧取经西游记》,题为“齐云阳至和编、天水赵毓真校、芝潭朱苍岭刊”的《新锲三藏出身全传》,题为“羊城冲怀朱鼎臣编辑、书林莲台刘永茂绣梓”的《鼎锲全像唐三藏西游传》,分别是《西游记》的三种版本,而对于“吴本”“杨本”“朱本”的小说研究也成了《西游记》研究史上的热门话题。① 另一方面,书坊主的此类方法多是针对畅销书的营销手段,故此类命名方式多集中于历史演义、英雄传奇、神魔鬼怪、公案侠义等市民所喜爱的小说题材的书名中。这些行为是造成白话小说,特别是白话通俗畅销小说一书多名的重要原因之一,同时也是小说命名名不副实的重要原因之一。

二、商品创新意识与小说命名

在激烈的商业竞争中,书坊主为了立于不败之地,一方面大力进行商业广告的宣传,另一方面也绞尽脑汁地进行商品的创新,后者更是体现出了书坊主宝贵的商品创新意识。上文所言的书坊主亲自操刀进行小说评点,就是很好的证明。其实,书坊主不但在推动古代小说评点走向繁荣的过程中立下了汗马功劳,而且,在评点的兴起阶段,也是建树颇多。小说评点史上,首次在小说题名中标出“批评”的就是万历二十年(1592)余象斗刊刻的《新刻按鉴全像批评三国志传》。两年以后,即万历二十二年(1594)余氏又刊刻了《水浒志传评林》,这也是“评林”字样的第一次出现。而文人评点的开山人李贽接触到《水浒传》是在万历十六年(1588),万历二十年(1592)他正处在小说的评点中,之后的四年仍然处在文本的评改阶段。而现在所见,确知有李贽评点在内的最早的评本是万历三十八年(1610)容与堂刊刻的《李卓吾先生批评忠义水浒传》。与余氏相比,两者整整相差了十八年,可见书坊主的创新意识之强。退一步讲,即使他们的行为是在商业利益的驱动下进行的,而非从文学的立场出发,但他们的创举理应得到足够的重视和肯定。更值得称道的是,在余氏的《新刻按鉴全像批评三国志传》中,“全像”与“批评”并列,且书中正文页面分为三部分:上评、中图、下文。其后刊出的《水浒

① 参见黄霖主编:《20世纪中国古代文学研究史·小说卷》,东方出版中心2006年版。

志传评林》与之体式相同，那么前者又可看作是后者“评林”体式的先声。在这之后的评点本中，仅还有《新刊京本春秋五霸七雄全像列国志传》在封面处题“按鉴演义全像列国评林”，且它也是由余象斗的“三台馆”于万历三十四年(1606)刊出的。那么，“评林体”成为余氏在小说评点史上的又一创造，标志着评点类小说新模式的诞生。同时，在具体的评点中，余氏也都对原作进行了有意的修改，如订正错误，删去“不便观览”的内容，删去“失韵诗词”，增加评语等。“余象斗之‘评林’乃是将‘改’与‘评’融为一体的，这一格局开启了古代小说评点的一个重要传统。”[①]余氏创举，功不可没。但如果从“评林”之原意“集之若林”，即集很多人的评点于一书来看，细致翻阅余氏的这三种刊本，情况却又均非如此。“评林”中并未标出其他评点者的姓名，而仅在扉页题署和“识语”中均署上了“书林文台余象斗评释”或“今余子改正增评”，可见所谓评点均是出自余象斗一人之手。那么，他在书名中标出“评林”极可能只是其招徕读者的一种手段，而这种刊刻中的弄虚作假行为，正是当时包括余氏在内的书坊主普遍存在的现象。可见，尽管有独树一帜的能力和机遇，书坊主还是和“发愤批书”的评点者有着本质上的差异，商业利益才是其真正的目的。但是，“评林”作为一种独特的小说评点样式，无论是在评点史上，还是小说传播史上都具有重要的意义。

除了兼职小说评点家的身份，在小说创作领域，书坊主们也突破了单纯的刊刻者身份。明朝中后期，随着《三国演义》和《水浒传》的刊刻，通俗小说受到广大读者的极大欢迎。而在此时，大部分文人还没有加入到创作的队伍中，面对稿荒的现象，许多书坊主亲力亲为开始创作小说。到了明末清初甚至清后期，文人成为通俗小说主要的作者，书坊主也还是重要的创作者和刊刻者。出于商业利益的驱动，书坊主把小说当作一种商品，并对这种商品的创新长盛不衰。虽然其方法大多比较拙劣，在当时就受到很多文人的指责和批评，但在把小说当作商品进行创作时，他们的创造性活动是值得肯定的。“坊间射利之徒，每每得到残版，便妄题名目，另刊目录，别作一书出

---

① 谭帆、王冉冉、李军均:《中国分体文学学史》小说学卷，山西教育出版社 2013 年版，第 235 页。

版。"①如万历年间的余象斗在翻刻熊大木的《新刊大宋中兴通俗演义》《唐书志传通俗演义》时,将书名分别改为《新刊按鉴演义全像大宋中兴岳王传》《新刊按鉴演义全像唐国志传》;明代第一部公案小说是耕堂刊刻的《包龙图判百家公案》,而三年后,万卷楼将其更名为《新镌全像包孝肃公百家公案演义》翻刻出版。这是初步的更名翻刻而已,接下来的重编翻刻、新书挂名(贴名)刊刻、整编合刊,才更见书坊主的"作家身份"。

"以各书的残卷,杂凑成书,随便题一书名者,在明清之交几乎成了一个风气。"②实际上,就是将一部书割成两部书名不同的书,然后按照需要,重新装订成册,各题新名,如《鸳鸯针》被割为《一枕奇》《双剑雪》,《五色石》被分为《遍地金》《补天石》。《觉世雅言》是书共八篇,其中四篇选自《醒世恒言》,两篇选自《喻世明言》,另两篇分别摘自《警世通言》《初刻拍案惊奇》;《四巧说》共四篇,分别选自《八洞天》和《照世杯》。此种为"重编翻刻"。而这种篡改的情况多见于话本小说集,这与话本小说集多为独立单篇凑合而成,便于任意拼凑有关。"词客稗官家每见前人有书盛行于世,即袭其名,著为后书副之,取其易行,竟成习套。"③这种做法主要运用在名著的续书之中,在原著的名字中加"续""后""补"等字,其中以《红楼梦》的续书最盛,如《后红楼梦》《续红楼梦》《绮楼重梦》《红楼圆梦》《红楼梦补》《补红楼梦》《增补红楼梦》《红楼梦幻》《红楼梦影》《太虚幻境》《红楼残梦》《红楼余梦》《红楼真梦》《红楼梦别本》《红楼三梦》《红楼翻梦》《大红楼梦》《红楼梦醒》等,突出原著的名字,也就等于是借助了原著强大的号召力。而仿造备受欢迎的名著亦是书坊主的常用伎俩,如《西游记》在世德堂本刊出后便风行书市,面对巨大的商业利益,余象斗或亲为,或请文人代作,创作出《南游记》《北游记》《西游记》《东游记》,形成自己刊书的一个系列,而小说的命名皆仿照《西游记》。"书名往往好抄袭古人,亦是文人一习。小说家尤甚:有《红楼梦》,遂有《青楼梦》;有《金瓶梅》,遂有《银瓶梅》;有《儿女英雄传》,遂有《英雄儿女》;有《三国志》,遂有《列国志》;传奇则《西厢记》之后,有《西楼记》,

① 郑振铎:《西谛书话》,生活 · 读书 · 新知三联书店 2005 年版,第 97 页。

② 郑振铎:《西谛书话》,生活 · 读书 · 新知三联书店 2005 年版,第 140 页。

③ [清]刘廷玑:《在园杂志》,见朱一玄编:《〈金瓶梅〉资料汇编》,南开大学出版社 2012 年版,第 697 页。

复有《东楼记》《东阁记》。他如此者，尚不可枚举。”[①]浴血生关于某些文人的论断，可以视作当时坊间牟利行为影响下的小说命名的情况，此可谓“新书挂名（贴名）刊刻”。而此段话也揭示了在古代小说发展史上，底层文人与书坊主多有合作的现象。前者出于生计的需要，后者出于赢利的目的，相较于纯粹的书坊主，他们的合作也在一定程度上提高了小说的质量。而更有一种对小说的创新之举是名为续书，实则是另一部书，如李渔《十二楼》题为“今古奇观续编十二楼”，《欢喜冤家》名为《三续今古奇观》，《合锦回文》名为《四续今古奇观》，《石点头》名为《五续今古奇观》等。较之在原著书名添字改动者，此更是借风扬波之举。而到了通俗小说创作相对繁盛、作品比较充足时，将多部小说合刊，以小说系列的方式出现，则是书坊主的一种创造。在命名上的表现是另起新名，如《三国演义》与《水浒传》合刊为《英雄谱》，《四游记》是余象斗的《南游记》和《北游记》、吴元泰的《东游记》、杨致的《西游记传》四书的合刊，《包公案》《施公案》《蓝公案》合刊为《三公案》，《写真幻》《梅魂幻》合刊为《都是幻》，《拍案惊奇》《古今奇观》合刊为《二奇合传》，等等。这类合刊的小说内容主要是市民阶层喜爱的历史演义、英雄传奇、公案侠义或言情故事，且合刊的命名上突出数字以表集合之意，可谓“整编合刊”。从更名翻刻到重编翻刻，又到新书挂名（贴名）刊刻，再到整编合刊，“刻—编—创—刊”其实是参与程度不断深化的过程，相较于评点者的“评改一体”，书坊主其实更是“刊编一体”，但两者都在中国古代小说特殊的生态环境下扮演了部分的作者角色。书坊主创造的小说，为其赢得了可观的商业利益，在当时也确实弥补了稿源不足的现象，满足了广大读者的需求，并且在一定程度上，使书坊主和作品都成了小说史发展的有力过渡，成为小说史重要的独具特色的现象。

总之，一方面书坊主的种种手段和方法造成了古代小说（尤其是通俗小说）命名的驳杂不堪、版本的复杂混乱、作品的粗制滥造，而另一方面书坊主也极大地促进了通俗小说的普及和传播，尤其是在通俗小说创作的早期和小说评点的兴起时期，其本身也有意无意地充当了重要的创作者和开拓者，

---

① ［清］浴血生：《小说丛话》，见朱一玄编：《〈金瓶梅〉资料汇编》，南开大学出版社2012年版，第716页。

对通俗小说的创作和评点起到了一定的提升和过渡性作用。而且,就数量而言,书坊主也成为对通俗小说命名影响最大的人。

第三章　社会环境的影响

影响小说命名的因素,除了上述与小说"创作—传播"直接联系的作者、读者(评点者、书坊主)外,还有间接的社会大环境。其中,政治环境居于社会大环境的核心位置,在以官本位文化为政治文化重心的古代中国更是如此,统治者的态度和政策是小说存在的首要生态环境。同时,政治环境的变化,特别是政府动荡、政权鼎革等政治环境的巨大变化,也会对小说的创作产生重大影响。所以,政治环境也就成了影响小说及其命名的重要因素。同样,作为社会环境在美学领域的主要体现者——社会审美,它反映的是社会主流的审美品位、审美需求、雅俗倾向等,它与讲求审美感受的文学有着天然的联系,尤其是与强调"传播—流通"的小说文体有着更为密切的关联。审美是作者创作小说时的一种心理期待,也是读者阅读过程中的一种心理反馈。那么,明清时期的社会审美则反映的是以市民为主体对象的通俗文学主要的价值取向和审美倾向。这样,社会审美也可以看作是更广阔的读者群对小说及其命名的影响。在"创作—接受"的互动过程中,小说的人物、内容、思想及命名都会受社会审美影响。

所以,本章以政治因素和社会审美为切入点,考察二者对小说命名的影响。在论述的过程中,既关注社会政治、审美文化对小说命名的类型化影响,以及其对小说命名在不同历史时期的不同影响,同时,也将加强对此种现象与文化的历史性梳理。

第一节　政治因素的影响

政治对小说的影响,主要体现在两个方面,一是自上而下的政策与态度所造成的影响,二是政治环境的变化而带来的影响。前者多是直接针对作品本身而使作者采取行动,后者则是通过影响作者而导致小说创作的改变。相对而言,前者带有被动性,后者带有主动性,但两者都是小说对政治的反映。其中,政策主要包括禁毁和提倡两个方面,政治环境的变化则主要是在明清鼎革之际、清朝中后期和清末民初之时。

一、政治政策与小说命名

政治在古代中国占据着重要地位,具有指向性甚至决定性的作用。随着统治者越来越关注小说,政治则越来越关系到小说的存亡兴废。此部分从正反两个方面,阐述政治对小说命名的影响。

(一)一以贯之的禁毁政策与小说命名

文言小说大都是文人士大夫所做,其创作观念多是“稗官说辞”“补史立传”一派,内容题材或是无关大雅,或是与史有益,与统治阶级的思想几无相左。而随着与市民阶层联系密切的白话小说兴起,统治思想与市民兴趣、主流文化与新兴思潮的矛盾日益突显。在小说禁毁的历史上,第一部被禁毁的小说就是明崇祯十五年(1642)明令禁毁的《水浒传》。在明朝末年,内有日益汹涌、镇压失力的农民起义,外有满洲铁骑的虎视眈眈,明朝廷为了维护统治,采取了思想上钳制的方法,禁毁了在民间流传甚广但与统治思想相悖离的《水浒传》。紧随其后的有清一代,“文字狱”进行得更是如火如荼,而对于本就与官方意识相左的通俗小说,禁毁则成为一以贯之的政策,且从数量和处理的方式上来说更是有增无减、变本加厉。清朝自太宗起,就把禁止小说淫词作为大清律例的一部分,并写进了国家的法律。顺治九年(1652),明令禁毁“琐语淫词”,“违者从重究治”;康熙二年(1663)、二十六年(1687)、四十八年(1709)都有禁毁小说命令的颁布,至康熙五十三年(1714)更是把禁书的惩罚扩展到与之相关的“造作刻印者”“市卖者”“买者”“看者”“失察官吏”;乾隆三年(1738)进一步将“失察官吏”的三次失察降一级,增加至一次失察降二级,并在乾隆十八年(1753)、十九年(1754)、四十五年(1780)反复重申,惩治力度有增无减。政令反复强化,惩治范围也从单纯的书籍,扩展到与书籍相关的创作者、刊刻者,甚至是失察的朝廷官员,涉及小说创作与传播的各个领域。可见力度之大。

纵观清朝日益严峻的小说禁毁政策，前期主要是出于政治原因，如《精忠传》《说岳全传》等，而到了之后的嘉、道、咸、同、光年间，不仅禁毁运动更加频繁，且所涉及的书目也变成以禁毁艳情小说为主。如嘉庆七年(1802)、十五年(1810)、十八年(1813)，都明令禁毁“淫词小说”。其中，道光、同治两朝是最严厉的时期，道光十四年(1834)二月谕内阁，“严饬地方官实力稽查，如有坊肆刊刻，及租赁各铺一切淫书小说，务须搜取板书，尽行销毁。”道光十七年(1837)，江南按察使应吴县候廪生们的请求，禁苏州刊行淫书小说及淫画；道光十八年(1838)，江苏按察使指示禁淫书淫画；道光二十四年(1844)，浙江绅士陈鉴等请求查禁淫词小说；同治七年(1868)，江苏巡抚丁日昌通饬属下禁书不利，并展开大规模的禁毁小说的行动；同治八年(1869)，刊印《应禁书目》，时隔七日又列出《续查禁书目》；同治十年(1871)，严禁“坊本小说”，几乎禁毁了所有的通俗小说。直到光绪十一年(1885)、十六年(1890)、二十六年(1900)，还在不断地重申这些禁令。可以看出，直至清王朝摇摇欲坠、行将灭亡的时期，统治者也没有放弃对小说的控制，并且还愈加严厉和频繁。①

纵观小说禁毁的原因，大致可分为以下几个方面：一是因小说表达的思想与正统思想有违，如《拍案惊奇》《欢喜冤家》，两部话本小说集有表达新兴商业意识和市民阶级情爱观念的篇目，而这些观念都与传统的伦理道德相冲突；二是诲盗，如《水浒传》《皇明英烈传》，两书分别写北宋末年和元朝末年的农民起义，对于大一统的王朝来讲，这些都是必须禁止的，而且由于清朝是少数民族政权，禁书还涉及民族问题，如《说岳全传》《万花楼》两书都写中原王朝与少数民族的战争，其中有蔑视少数民族的情节或字迹，遭到禁毁，不言而喻；三是揭露封建统治者的荒淫腐朽，直刺朝廷弊端的，如《艳异编》《隋炀帝艳史》，小说反映了统治阶级的腐朽堕落，有影射之嫌；四是诲淫，此是嘉道以后小说禁毁的重点，如《浓情快史》《五美缘》《女仙外史》等，其中虽不乏坏人心术的淫秽之作，清廷的禁毁范围涉及了一切言情小说，甚至连才子佳人一类“发乎情，止乎礼仪”的小说，亦在禁毁之列。小说禁毁的

① 关于禁毁政策的年代的论述，参见安平秋、章培恒主编：《中国禁书大观》，上海文化出版社1990年版；王利器编：《元明清三代禁毁小说戏曲史料》，上海古籍出版社1981年版。

缘由,大致是此四端。当然,一部小说的禁毁可能是由多方面原因造成的,如《续金瓶梅》既有"淫词",又涉及宋金战争,有影射政治之嫌。而本书为论述清晰,则择其要点而归纳论述。禁毁日炽,究其原因,大致是明朝中后期,通俗文学蓬勃发展,且朝堂与民间俱已是世风日下,甚至上行而下效。清朝即立,新朝严苛,一是以前朝为鉴而严加整饬,以防重蹈覆辙;二是少数民族建立王朝,敏感于华夷之词;三是清朝中后期思潮之解放、人性之萌发更甚于前朝,而以旧思想观念待之,必定爆发冲突,且思之明末,统治者则更加殚精竭虑、杀伐果断。

禁毁政策对通俗小说的发展,不啻是巨大的打击。而为了小说的正常刊行,更换小说题目便成了书坊主们行之有效的对策。较显著的例子是李渔的《无声戏合集》。李渔刊出《无声戏初集》和《无声戏二集》后,收到了良好的社会效应和商业效应,便欲出版《无声戏合集》,而正在此时发生了对张缙彦的弹劾事件。《无声戏二集》有张缙彦所作的序,而顺治十七年(1660)萧震弹劾张缙彦,并称其在任浙江布政使时刊刻《无声戏二集》,在小说的序中自称"不死英雄",为其投降李自成的行为辩护,张因此获罪而籍家流徙。《无声戏》也便成了禁书。而李渔是靠刊书维持生计的书坊主,为了将自己的书再次刊刻发行,遂将其更名为《连城壁全集》,集子中有关张缙彦的篇目都已删除,这样小说集才得以重新销售流通。类似的情况还有:《金瓶梅》更名为《绣像八才子词话》《四大奇书第四种》《新镌绘图第一奇书钟情传》,《红楼梦》更名为《大观琐记》《警幻仙记》,《浪史》改名《巧姻缘》,《痴婆子》更名为《痴妇说情传》,《品花宝鉴》更名为《怡情佚史》,等等。此类更改题名的小说集中在市民喜闻乐见的通俗小说中,尤以历史演义和言情类小说为主。而且,为了逃避严厉的禁毁,这些更换后的小说题目多是面目全非、与原书风马牛不相及。而且,其改名也有进一步去迎合官方劝惩教化观念的趋势,如《金瓶梅》改为《多妻鉴》,《肉蒲团》改为《循环报》,《十二楼》改为《觉世明言》等,都是出于此种目的。

(二)偶尔为之的倡导利用与小说命名

在中国古代,小说历来处于不登大雅之堂的地位,通俗小说更是等而下之,且明清两代对其态度,正如上文所言,一以贯之的禁毁。但人都有娱乐的需求和消闲的心态，而通俗小说的娱乐作用是非常突出的。那么，这种人类情感的共同性和通俗小说的特性就实现了某种程度上的契合。“就是在统治阶层中，它（通俗小说）也受到了相当一部分人的欢迎。他们阅读欣赏小说，并且还十分推崇其中的某些作品。”①“当它（通俗小说）处于难以抵制粗暴行政压力的嫩弱幼芽状态时，一些官僚或名士对它的欣赏与称赞却可以起到很关键的作用：不仅向通俗小说提供了能较顺利发展的环境，而且他们实际上所起的号召与示范作用，又成了刺激通俗小说发展的因素。”②普通的官僚、士大夫的作用姑且如此，那么皇帝对它的喜爱的作用，可谓更加巨大。明朝的皇帝多有喜爱阅读小说的，明武宗半夜看《金统残唐记》、明神宗酷爱《水浒传》都是著名的例子。作为第一部以刊本形式出现的小说——《三国演义》，首先是由司礼监刊出的，与皇帝的喜欢有极大的关系。之后，又有武定侯郭勋与都察院分别刊出的《水浒传》与《三国演义》，还有南京国子监刊的《三国演义》。值得注意的是，国子监是明朝最高的教育机构，那么，官方对通俗小说态度的变化，显而易见。而且，自正德皇帝到天启皇帝，历代的首辅又多利用插图本小说对皇帝进行启蒙教育。③ 这些官方对小说倡导和利用的做法和行为都对小说的发展起到了非常大的推动作用，体现在小说命名上是书坊主对“京本”“官板”的强调。夏履先强调其所刊刻的《禅真逸史》的底本是“出自内府”，郑以桢与夏振宇刊刻的《三国演义》注有“金陵国学本”“官本三国传”的字样。这些标示在私人刊刻小说被禁止的时期，是书坊主逃避追查的方法。随着小说刊刻的合法化，这些标示也就具有了很好的商业广告意味，如《新镌官板全像音释旁训演义三国志传》《官板三国传》《新刻出像官板大字四游记》等，在小说的命名中强调版本的正规性和权威性，正是由此而来。而这些标示的形成，都与官方偶尔为之的倡导利用密不可分。

通俗白话小说与市民阶层联系紧密，统治者出于维护统治的需要，时而运用政令、御刻等手段，利用小说对市民进行思想上的引导和控制，比较明

---

① 陈大康：《明代小说史》，人民文学出版社 2007 年版，第 494 页。

② 陈大康：《明代小说史》，人民文学出版社 2007 年版，第 494～495 页。

③ 参见陈大康：《明代小说史》，人民文学出版社，2007 年版。

显的例子是俞万春《荡寇志》的刊刻和流传。其书标榜“误入歧途者，亦凛然思，幡然悔，转邪就正”[①]的宗旨，“故继耐庵之传，结成七十卷光明正大之书，名之曰《荡寇志》。盖以尊王灭寇为主，而使天下后世，晓然于盗贼之终无不败，忠义之不容假借混蒙，庶几尊君亲上之心，油然而生矣”[②]，并在命名中醒目地标出“荡寇”之意。在太平天国撼动清王朝的江山时，封建朝廷的统治者竟将其作为反对农民起义和剿匪的工具书大量刊刻。是书在咸丰三年(1853)，由官府豪绅集资正式出版，咸丰七年(1857)又印了袖珍本，同治七年(1868)、八年(1869)、十年(1871)又重新刊印。而相反在同治元年(1862)，太平天国军占领苏州时，此书连同原版都被起义军“一火而焚”。这一方利用、一方焚毁的正反两种举动，恰好说明了小说命名受政治影响之大。

同时，官方对某些正统道德、观念的提倡，也深刻地影响着一些小说的命名。北宋司马光撰《资治通鉴》、南宋朱熹编《通鉴纲目》，受其影响“通鉴”类续书不断续编。而在明朝，统治者激赏这些史书，认为其有普及历史知识、教育民众的作用，故大加提倡和刊刻。而这一行动促使通俗小说中“按鉴”一类的出现，“以王本传行状之实迹，按《通鉴纲目》而取义，至于小说与本传互有同异者，两存之以备参考”[③]。“莫不谨按‘五经’并《左传》《十七史纲目》《通鉴》《战国策》《吴越春秋》等书，而逐类分纪。”[④]“按鉴”成为书坊主刊刻历史演义小说的规范，其也成为历史演义小说的标志，如《全像按鉴演义南北两宋志传》《按鉴参补杨家将传》《新刻按鉴全像批评三国志传》《新刻按鉴全像演义唐书志传》《新刊按鉴演义全像大宋中兴岳王传》等。而且，这种受政治影响的小说命名方式在一个时期内形成了一股潮流(可参见“书坊主的影响”一节中的论述)。

---

① [清]东篱山人:《重刻荡寇志序》，见朱一玄编:《〈水浒传〉资料汇编》，南开大学出版社2012年版，第514页。

② [清]徐珮珂:《荡寇志序》，见朱一玄编:《〈水浒传〉资料汇编》，南开大学出版社2012年版，第514页。

③ [明]熊大木:《大宋演义中兴英烈传序》，见朱一玄编:《明清小说资料选编》(上、下)，南开大学出版社2006年版，第151页。

④ [明]余邵鱼:《题全像列国志传引》，见谭帆、王冉冉、李军均:《中国分体文学学史》小说学卷，山西教育出版社2013年版，第175页。

中国古代小说主要受官方推崇的儒家文化的影响,儒教文化的核心思想是忠孝观念,经历朝历代的宣传提倡,忠孝节义的观念深植于人们心中。"天地间唯忠烈侠义最足以感动人心,学士大夫博览诸史,见古人尽一忠烈,则尊之敬之;见古人行一侠义,则羡之慕之。读正史者概如是,读小说者何独不然。"①小说命名也多有强调"忠孝"者,如《岳武穆尽忠报国传》《武穆精忠传》《于少保萃忠全传》《辽海丹忠录》等,这些小说都是讲述著名将领如岳飞、于谦、毛文龙等,抗击少数民族入侵、保家卫国的故事。在封建社会里,忠君是最高的思想观念和道德意识,孝道的最终指向也是尽忠,而封建王权就是"忠"的最终体现和对象。所以,小说通过叙述和描写中原王朝与少数民族的战争来歌颂朝廷将领、爱国英雄的丰功伟绩,也以此来彰显忠孝的思想。小说的内容诉说着忠孝的故事,小说的题目则醒目地标识着忠孝的理念。

与此相类似,侠义观念也有着官方理念的烙印。"侠义"一方面是文人士大夫的情结,另一方面也是底层人民对除暴安良、伸张正义的热切企望,故小说命名中多"侠",如《剑侠传》《七侠五义》,两书都是讲述身怀绝技、武艺高强的江湖侠客打抱不平、杀富济贫、救人于危难之际的故事。而且,这种"侠义"最后往往又与"清官"情结相结合,形成侠义公案小说,如《包龙图判百家公案》《七侠五义》,侠客与清官相配合为民申冤、为民解困。在这些小说里,侠客接受清官的领导和制约,江湖的侠气被正统的朝廷引导和管制,"侠"受着"清官"的支配和管理,这也正是官方政治意识的一种曲折体现。同时,"忠孝"与"侠义"的结合就是"忠义"情结。"忠"是官方文化的体现,"侠"是市井要求的表露,"侠"通过"清官"归附"忠义"的旗下,而"侠"的本身也讲求"侠之大者,为国为民",国是第一位的,国在封建时代与君是紧密结合的,君是国的代表和最高体现,所以"侠"本身的最终指向也是忠君。那么,"忠义"也就成了大多数以讲述历史兴衰、帝王朝廷故事为主的历史演义和英雄传奇小说的故事内涵和小说命名的应有之意,如《忠烈小五义传》《忠烈侠义传》,这些小说都是讲述江湖侠客在清官的带领下,为朝廷分忧解

① ［清］郑鹤龄:《三续忠烈侠义传序》,见丁锡根:《中国历代小说序跋集》,人民文学出版社1996年版,第1557页。

难、出生入死的故事。而且,故事的主要内容,并非是简单地破获民间的大案、要案,而是这些案件都与朝廷的安危相关,具体的体现则是故事的核心情节是剿灭藩王造反,这些都充分地说明了“忠”的核心地位和主导作用。“忠孝”“忠义”,一方面体现着官方思想的意识形态,另一方面也是广大百姓需求和愿望的体现。这些更可以看作是在官方意识的熏陶下,人们内心的需求与政治文化深层契合的结果。落实在小说及其命名上,则是官方政治倡导和利用的体现。

诲淫诲盗、禁新思想、禁政治影射,一以贯之的禁毁让中国古代小说,特别是通俗小说始终在边缘的地带和昏暗的环境中逆生长,这也造成了中国古代通俗小说整体质量较差、留存状态混乱等诸多现象。而统治者个人的爱好,官方思想观念的引导,又使得中国古代小说,特别是通俗小说,迎来了阶段性的高潮期或者某种题材的黄金期。小说命名也随着这些无法抗拒的运动和潮流而变化,同时也以自身的波动折射着历史的波澜。

二、政治风云与小说命名

在古代小说中,通俗小说有着对世俗社会相对直接和快速反应的优点,风云际会的政治也往往通过通俗小说来展示和诉说。通俗小说兴盛于明清时期,此类展示和诉说也集中在明清时期,特别是易代鼎革、政治动荡的时期,如明末清初、清朝中后期、清末民初。明朝末年,宦官专政、阉党横行、农民起义此起彼伏、满族清军大军压境,阶级矛盾、民族矛盾集中爆发。此一时期,生活在水深火热中的人们特别关心朝政的走向、民族的安危和国家的危亡。《魏忠贤小说斥奸书》《梼杌闲评》《辽海丹忠录》《镇海春秋》《剿闯通俗小说》等都是此一时期出现的畅销一时的小说,《魏忠贤小说斥奸书》和《梼杌闲评》是阉党倒台后,在短期内出现的反映魏忠贤发迹变态,倒行逆施、作威作福、鱼肉百姓、残害忠良,进行黑暗统治的小说。小说命名中的“斥奸”突显了愤恨喷薄的感情、痛斥淋漓的激情、大快人心的豪情,而“梼杌”更是古代的一种凶恶的猛兽,人们将曾经不可一世、一手遮天、作恶多端的魏忠贤视作凶神恶煞,进行猛烈的抨击。小说指斥时弊、批判现实的用意,在小说命名上就已表现得十分透彻。《辽海丹忠录》和《镇海春秋》叙述的则是明末辽东地区的战事,主要描述的是袁崇焕与毛文龙两位驻边大将的内部斗争，所谓“丹忠”则使得小说的价值取向明显、情感指向强烈，而书中对毛文龙忠心为国的刻画，对袁崇焕假公济私的贬斥也是溢于言表，暂且不论袁与毛在真实历史中的善恶忠奸，仅从小说内容与命名来看其受政治影响显著且感情强烈。《剿闯通俗小说》则是以闯王李自成为主人公和叙事主线，讲述明末农民起义、闯王进京、推翻大明、清军入关等一系列历史真实事件，“剿”字则表明了作者的创作态度和情感倾向，该小说后来更是改名为《忠孝传》，小说的观念指向也更为明显。此类小说亦被称为时事小说，其以现实事件为主要内容，有着明显的观念取向和强烈的情感表现，而这些特点也直接地体现在小说的命名之中。

清朝嘉道年间，清政府的统治日益昏庸、政治环境日趋灰暗、社会种种弊端开始显露，加之鸦片战争、列强侵华，清朝彻底走向衰落。小说领域内也逐渐出现了反映这些历史状态的作品，并且随着国家、政治、民族灾难的日益深重，小说的内容也日益痛彻心扉，小说的命名也日益刻骨铭心。《官场现形记》和《二十年目睹之怪现状》是此类小说的代表作，两部小说在艺术上承《儒林外史》之余续，在内容上揶揄现实、指责时弊、披露恶行、痛心时政、触目伤情的程度更是较之前者有过之而无不及。“如颊上之添毫，纤悉毕露，如地狱之变相，丑态百出，每出一纸，见者拍案叫绝。”①“政治之紊乱，社会之腐败，至清季而极矣。先生愁焉忧之，　　笔之于书，为董狐之史，魑魅魍魉，难逃犀烛。上自朝廷士大夫，下至贩夫走卒娼优，无不收罗：此其取材之广而持论之精者二也。先生文章尔雅，是书叙事尤淋漓痛快，有嬉笑怒骂无不成文之观：此其文之佳而兴之至者三也。”②两部小说对社会的揭露触及多个方面，官场政治、社会风俗、人情世故、官员贵族、贩夫走卒，等等，这些方面都在作者的笔触下丑态毕现、恶迹昭然。虽然两部小说在艺术上有“辞气浮露，笔无藏锋，甚且过甚其辞”③的瑕疵，但其广泛地“揭发伏藏，显其

① ［清］无名氏：《官场现形记序》，见朱一玄编：《明清小说资料选编》（上、下），南开大学出版社2006年版，第815页。

② ［清］石庵：《二十年目睹之怪现状序》，见朱一玄编：《明清小说资料选编》（上、下），南开大学出版社2006年版，第827页。

③ 鲁迅：《中国小说史略》，春风文艺出版社2020年版，第186页。

弊恶”①的创作宗旨和批判力度得到了人们的肯定,因此,模仿其创作宗旨和艺术手法的现象蔚然成风,形成“现形记”体和“怪现状”体,如《海上风流现形记》《和尚现形记》《滑头现形记》《商界现形记》《社会现形记》《警察怪现状》《近十年目睹之怪现状》《最新女界现形记》《学生现形记》《家庭现形记》等。作家们把揭露批判的笔触涉猎社会生活的方方面面,政界、商界、警界、妓院、教育界,触及社会上各种类型的人,官员、商人、妓女、和尚、警察,整个社会形形色色的人和事都在作者关注的范围内。更有内容和主旨与“怪现状”“现形记”相类似,命名也类似的,如《冷眼观》《魍魉世界》《现世之天堂地狱》《醒游地狱记》等。据笔者对石昌渝主编《中国古代小说总目》(白话卷)的统计,“(类)现形记”体和“(类)怪现状”体共有30种之多,可见涉及的范围之广。

随着封建统治日薄西山、社会世风日下,各种危机频频爆发,各种丑恶现象大行于世,时事小说、讽刺小说、谴责小说开始层出不穷。传统士大夫匡道救世的社会责任心、使命感终于化为针砭时弊的批判、淋漓尽致的揭露、痛心疾首的呼唤。控斥时政时弊,贬斥奸恶腐朽,揭露黑暗病态,“恶夫仕途之鬼蜮百出也,撰为《官场现形记》;慨夫社会之同流合污不知进化也,撰为《中国现在记》,及《文明小史》《活地狱》等书”②。小说揭露和批判的内容覆盖社会生活的每一个角落,同时,小说命名的风格也逐渐呈现出了两种趋势。一是直接暴露型,即小说的命名直接体现和暴露社会、世风的丑情怪态,如上所举“现形记”体和“怪现状”体,即是此类。二是间接反讽型,即小说命名多采用比喻反讽的手法,如《文明小史》中的“文明”是作者着意揭露的社会丑恶现象,《活地狱》则是把存在种种恶行劣迹的现实人间比作地狱,《何典》更是将人比作鬼,“今过路人务以街谈巷语,记其道听途说,名之曰《何典》。其言则鬼话也,其人则鬼名也,其事实则不离乎开鬼心,扮鬼脸,怀鬼胎,钓鬼火,抢鬼饭,钉鬼门,做鬼戏,搭鬼棚,上鬼堂,登鬼箓,真可称一步

① 鲁迅:《中国小说史略》,春风文艺出版社2020年版,第186页。

② [清]吴沃尧:《李伯元传》,见朱一玄编:《明清小说资料选编》(上、下),南开大学出版社2006版,第821页。

一个鬼矣。此不典而典者也。吾只恐读是编者疑心生鬼，或入于鬼窠路云"①。此一类的"寓鬼批世"之书，还有《斩鬼传》《平鬼传》等。同时，间接反讽类题材的小说在命名时都会凸显作者满腔愤慨、痛心疾首之情，如《恨海》《血泪痕》《痛定痛》《亡国恨》《痛史》《情天恨》《自由泪》《满洲血》《洗耻记》《离恨天》，等等。正如刘鹗在《老残游记·自序》中所言："吾人生今之时，有身世之感情，有家国之感情，有社会之感情，有种教之感情，其感情愈深者，其哭泣愈痛：此鸿都百炼生所以有《老残游记》之作也。棋局已残，吾人将老，欲不哭泣也得乎？吾知海内千芳，人间万艳，必有与吾同哭同悲者焉。"②此段话可以看作是此类小说共同的情感诉说。从小说本身的内容与感情到小说命名的风格与情感，或表现得激愤喷薄，或表达得低沉婉转，但作者本身的感情都是捶胸顿足、痛心疾首、汹涌澎湃的。

满目疮痍、千疮百孔的现实除了让人产生痛心疾首的感受，也让人产生变革除弊、立新救世的想法。而且，清末民初正是中西文化碰撞、新旧思想冲突、新旧社会更迭的历史巨变时期。这样，在文人们痛心恨意的淋漓宣泄声中，也出现了求新求变的呼声。"欲新一国之民，不可不先新一国之小说"，梁启超先生看到了小说疗救社会、觉世新民的作用。《新水浒》《新石头记》《新三国志》《新西游记》《新金瓶梅》《新儒林外史》《新七侠五义》《新孽海花》《新泪珠缘》《新镜花缘》《新儿女英雄传》《新官场现形记》《新野叟曝言》《新中国未来记》《新上海》《新纪元》等书，或是在原著前直接加"新"，或者以"新"区别旧的时代与社会，总之"新"成为一种潮流。翻阅此类小说，则原著命名直接加"新"者，多是直接沿用原著的人物，将旧人物放入新的世界中，让他们体验新社会的生活，接受新社会的思想，如黛玉读新式学堂，宝玉学习西方新思想，刘备与诸葛亮运用西式军事理论，林冲与武松使用西方新式武器，等等，以"旧瓶新酒"的方式呼吁人们来接受新事物、新生活、新思想、新社会。而以"新"区别旧的小说，则着重描写的是旧的封建落后、旧的社会弊端、旧的满目疮痍和新的先进强大、新的解放人性、新的日新月异，在

① ［清］太平客人：《何典序》，见朱一玄编：《明清小说资料选编》（上、下），南开大学出版社2006年版，第814页。

② ［清］刘鹗：《老残游记》，见朱一玄编：《明清小说资料选编》（上、下），南开大学出版社2006年版，第841页。

强烈的新旧对比中,为新社会的到来摇旗呐喊。在这里,“旧”往往既是传统的中国,也是当时现实中的中国社会,而“新”既是新式当时的中国社会,也是作者想象的未来中国。总之,“新”体现了人们改变现状、更新变革的愿望,代表了当时汹涌的社会思潮。而且,在这种思潮中,出现了如《明日维新》《上海之维新党》《维新豪杰情事》《革命魂》《革命军》《革命之变相》《女议员》等一类的小说,直接将政治的呼声题写在小说的题目上。那么,小说命名则从标举“新”小说之“新”,彻底变成了“新小说”的新命名。

从时事小说到谴责小说,再到“新小说”,政治的风云际会在小说的世界里兴风作浪。同时,此类小说及其命名的表达也较为直接和明显。政治是社会环境中上层而核心的存在,小说是文学领域里的冰山一角,政治与小说犹如地动山摇的海啸与一只蝴蝶翕动的翅膀。前者会偶然紧扣后者命运的咽喉,而后者会始终反映着前者的蛛丝马迹。

第二节　社会审美的影响

社会审美是大众(主要是市民读者)在阅读和欣赏小说时,内心对小说思想内容、人物情节的审美期待。它的形成,一方面受到人们所接触社会环境的影响,另一方面也是人本身欲望的一种表达。所以,它既反映出受社会文化熏陶的文化审美的要求,又反映出长期积淀在人们心理的欲求和渴望。这些因素让作家形成不同的创作观念,并表达在所作的小说之中。明朝中后期,随着封建统治日益崩坏、商品经济发展、市民阶级兴起、市民意识崛起,程朱理学逐渐受到质疑和抨击。而以陆九渊、王阳明为代表的“心学”兴起,经王艮、王畿,尤其是李贽、汤显祖、冯梦龙等文人的大力宣扬和发展,“心学”终成“显学”。这种迥然于传统文化的审美取向,对小说的创作思想形成了巨大的冲击,尤其是对与市民联系紧密的通俗小说,同时也直接地反映在小说的命名上。综合中国古代小说中人们所表现出的审美倾向和“心学”兴起所带来的新审美动向,本节将从以下三部分进行论述:追求完满、追逐情爱、崇尚俚俗。而且,由于“阳明心学”对明朝中后期(特别是通俗小说发展与繁荣时期)中国人审美追求的转变起了至关重要的作用,所以在论述中有所展开和侧重。

一、追求完满

广大市民阅读他们喜爱的小说时，除了被情节的曲折吸引外，还总是希望故事有一个完满的结局，他们关心人物的命运，而情节的曲折使他们总是迫不及待地盼望“下回分解”的内容。[①] 这种期待下文的心理，使得人们喜欢对小说的故事情节、人物命运，追问前因后果、来龙去脉，“上部《小五义》未破铜网阵，看书之人纷纷议论，辱承到本铺购买下部者，不下数百人”[②]“《彭公案》一书，前卷未能全终，使读者衷心闷闷，不能畅怀”[③]“然全豹未窥，诚不知奸王是何究竟，阅者不免憾焉”[④]，等等，都是读者期待小说继续进行下去的表达，也是人们追求完整性的心态的表达。“古老而悠久的传统农业型生产方式——自给自足的小农经济和封建宗法制度铸成了中国古代百姓顺天行事，一味适应现实秩序，安于现状而缺乏挑战精神的民族性格。在审美上欣赏宁静、和谐、圆满之美而无法欣赏矛盾分裂、对立面的冲突、激烈的抗争行为。”[⑤]中国人在社会人际关系中也讲求和为美、和为贵，故在审美心理上嗜于喜剧圆满的结局。这种追求完成、圆满的心理导致中国古代小说呈现出“有始有终”的续写现象，即续书的大量出现。而续书的内容、思想、方式也淋漓尽致地体现了这种审美心理，同样，续书的命名更是这种审美心理的直接表达。

就具体的作品而言，续书的内容大致可以分为对前因的追根溯源和对后果的情节延续、补完结局二类。这在小说命名上有着明显的体现，前者如《三国因》是对《三国演义》的接续，书中把三国中的曹操、刘备、孙权等人物托言为韩信、英布、彭越等人的转世，认为分割刘汉天下的正是当年为刘邦征战沙场、建功立业的将领，他们都是因为刘邦无情杀戮功臣而死，三分刘氏江山，正是道德上因果报应的体现，作者通过小说对三国纷争的历史和

---

① 参见高玉海：《明清小说续书研究》，中国社会科学出版社 2004 年版。

② ［清］佚名：《续小五义》，华文出版社 2018 年版，第 1 页。

③ ［清］佚名：《续彭公案十卷八十回》，见石昌渝主编：《中国古代小说总目》白话卷，山西教育出版社 2004 年版，第 466 页。

④ ［清］月湖渔隐：《三续七剑十三侠序》，见丁锡根：《中国历代小说序跋集》，人民文学出版社 1996 年版，第 1566 页。

⑤ 段春旭：《中国古代长篇小说续书研究》，上海三联书店 2009 年版，第 57 页。

《三国演义》进行追根溯源的解释。后者如《永庆升平后传》《小五义》《济公传续集》《续儿女英雄传》《二续彭公案》，这些续书都是接续原著故事情节，继续展开故事，在具体的叙述中，又分为时间延续、故事延续和代代延续三种情况。其中，“时间延续”多为历史演义小说，这与历史题材的时间性有关，与历史题材相关的英雄侠义类小说也是如此，这类续书在命名上表现为历史时间性的后，如《三国志后传》《说唐后传》《水浒后传》《禅真后史》《五虎平南后传》等。以陈忱的《水浒后传》为例，是书讲述了劫后余生的梁山好汉再次聚义，在头领李俊的带领下除暴安良、诛杀奸臣、攘除外族，最后在海外建国的事，小说命名中的“后”体现在小说中，即是对故事情节时间性的延续；“故事延续”是指小说的故事模式的循环连缀，其多为公案类小说，在命名上直接以数字顺延，如《续彭公案》《三续彭公案》直到《十续彭公案》，《施公案》的续书也是此种情况，这些续书的小说故事就是不断地查案、破案，“续”在小说中的体现是故事模式不断拼接和连缀，这也与公案小说本身的叙事模式有关，同时也使得公案类小说的续书，成为古代小说续书中最漫长的一种；“代代延续”是指在侠义类小说中，子承父业式的侠义精神的流传，在命名中亦见代与代之间的关系，如《大五义》（《七侠五义》）到《小五义》，《小五义》继承了《大五义》伸张社会正义、为国为民的精神，甚至具体的人物性格气质，具体的故事情节也基本相类，这样，不论在人物形象、故事叙事，还是小说主题思想上，《小五义》都是对《大五义》的承袭。[①] 同时，因为续书是承续原书而来，故续书与原著基本是同一题材类型。这样，小说的命名就更恰如其分地反映了小说的内容和人们的心理倾向。而且，续书的命名还大致体现着续书本身的接续方式。“续”“后”多是紧接原著的尾声继续叙事，与之相应的是，高玉海在《明清小说续书研究》提及的顺续式、轮回式、后代式的续书，都是运用的此种命名方式，如《续英烈传》《续金瓶梅》《后西游记》《续小五义》。“补”多是在原著的中间生出一段故事，而叙述结束后又与原著相接，即高玉海在《明清小说续书研究》提及的截续式的续书，大致使用的是此种命名方式，如《西游补》《红楼梦补》。这样，小说命名又有了叙事学的意义在里面。

① 参见段春旭：《中国古代长篇小说续书研究》，上海三联书店2009年版。

如果说对“完”的追求还是人们普遍心态的表达，那么对“满”的渴望则是中国人独特审美观念的表达，追求美好团圆是中华民族共同的审美理想。而且，白话小说的读者视小说为闲暇消遣之物，更多是“借他人酒杯，畅自己之情怀”。在这种心态下，大团圆的模式也就更符合人们完满心理的阅读期待。而历史小说和与历史小说密切相关的英雄侠义小说，受制于历史(强调“按鉴”)，其结局不易篡改。相比之下，世情小说是源于且高于现实的叙事，虚构成分更多，易于操作，且较贴近真实生活，更能激起人们的共鸣。在具体的“延续”过程中，大团圆倾向集中体现在以悲剧方式结尾的《红楼梦》的续书中，如《圆红楼梦》《绮红楼梦》《红楼复梦》《红楼梦圆梦》《红楼梦补》《红楼幻梦》等，在小说故事的具体讲述中，主要体现为两种倾向，一是改造爱情悲剧，“宝黛重逢，百年好合”，进而让书中所有的有情人终成眷属、爱情圆满，二是“子孝妻贤，贾府振兴”，即把贾府拉回到正常的封建伦理秩序中，按照孝子贤孙的观念，让其再次成为名门望族。爱情美满、家道亨通、全族飞黄腾达，正是市民百姓多年期待的愿望和梦想。“中国人民在历代残酷的政治体制下，长期生活在痛苦之中，人们不能在文学作品中‘雪上加霜’地再次去体验这种痛苦，在现实中得不到的东西，人们往往在文学作品中以幻想的方式去得到。”①在小说命名中，“圆”“复”“补”等显示出人们对书中主人公破镜重圆、花好月圆的美好寄托。“文学毕竟不同于历史，文学创作常常表现为对现实缺陷的纠正和对未来的渴望，更是心理的形象再现和延伸。文学作品本来也具有平衡社会心理、指向希望的作用。”②也正如花月痴人在《红楼幻梦序》所言“易其梦而使人破涕为欢，开颜作笑”③，而六如裔孙在《红楼圆梦序》中更是直言“兹得长白临鹤山人所作‘圆梦’一书，令黛玉复生，宝玉还家，成为夫妇，使天下有情人卒成眷属，不亦快哉”④。这些都可以看作是破镜重圆、花好月圆心态的充分表达，既渴望故事的完整性，又侧重喜剧性的结局。追求完满的心理成为小说创作的重要动力，小说命名则成

---

① 段春旭：《中国古代长篇小说续书研究》，上海三联书店2009年版，第64页。

② 段春旭：《中国古代长篇小说续书研究》，上海三联书店2009年版，第64页。

③ [清]花月痴人：《红楼幻梦序》，见朱一玄编：《明清小说资料选编》(上、下)，南开大学出版社2006年版，第774页。

④ 石昌渝主编：《中国古代小说总目》白话卷，山西教育出版社2004年版，第124页。

为一目了然的标记。

二、追逐情爱

明朝中后期[①]，以陆九渊、王阳明为代表的"心学"兴起，强调心是一切的本源，是万物的肇始，以此来抗衡不合时宜的程朱理学。后经王畿、王艮等的发展，其学派不断壮大，成为一时之"显学"。其中，李贽无疑是"心学"的佼佼者，且其又通过评点小说、著书立说等方式，将属于哲学领域的"心学"引入到文学领域，他也成为中晚期明文学思潮的领军人物。[②]"夫童心者，绝假纯真。若失却童心，便失却真心，便失却真人。人而非真，不复有初也。"李贽首创"童心说"，认为"童心"即人的"最初一念之本心也"，强调其"绝假纯真"，而李贽之"真"就是讲求心灵之真、性情之真。在以儒家文化为主体，强调伦理道德、社会价值等外在标准的传统中国，李贽可谓"异端"，其所提倡的赤子真心、纯真性情的文学主张，更是振聋发聩，"世之真能为文者，比其初，皆非有益于为文也。其胸中有如许无状可怪之事，其喉间有如许想吐而不敢吐之物，其口头又时时有许多想语而莫可所以告语之处，蓄积既久，势不能遏。一旦见景生情，触目兴叹，夺他人之酒杯，浇自己之块垒，诉心中之不平，感数奇于千载，即已喷玉唾珠，昭回云汉，为张于矣，遂亦自负，发狂大叫，流涕痛苦，不能自止。宁使见者闻着切齿咬牙欲杀欲制，而终不忍藏之名山，投之水火"[③]。将文学的表达完全视为情感的抒发，甚至是喷发，以"情"为创作的根由，完全突破道德伦理、社会观念的束缚，将"情"在文学中进行了至高无上的推崇和渲染，古往今来，李贽可谓第一人，其所形成的影响也是十分巨大的。

之后，戏曲家汤显祖又提出"至情说"，"情不知所起，一往而深，生者可以死，死可以生；生而不可与死，死而不可复生者，皆非情之至也"[④]，这段话

① 关于明朝文学的分期说法众多，本书采用郭英德主编的《中国古代文学通论》（明代卷）的分期，即前期是从明太祖洪武元年（1368）至明英宗天顺八年（1464），中期是从明宪宗成化元年（1465）至明武宗正德十六年（1521），后期是从明世宗嘉靖元年（1522）到明思宗崇祯十七年（1644）。

② 参见左东岭：《李贽与晚明文学思想》，人民文学出版社 2010 年版。

③ 李鉴踪：《末世情怀》，四川教育出版社 2001 年版，第 45～46 页。

④ ［明］汤显祖：《牡丹亭题词》，见《牡丹亭》，长江出版社 2018 年版，第 105 页。

随着《牡丹亭》的家喻户晓，也为当时和后世的人耳熟能详。而其《耳伯麻姑游诗歌序》曰："世总为情，情生诗歌，而行于神。天下之声音笑貌大小生死，不出乎是。因以憺荡人意，欢乐舞蹈，悲壮哀感鬼神风雨鸟兽，摇动草木，洞裂金石。"那么，汤氏的"至情说"则适用于所用的文学样式，"情"不仅是雅文学、抒情文学的核心，也是通俗文学、叙事文学的根本出发点。与此同时，在小说领域，冯梦龙创立的"情教论"和他的创作实践都极为推崇真情挚爱。"尝欲择取古今情事之美者，各著小传，使人知情之可久，于是乎无情化有，私情化公，庶乡国天下，蔼然以情相与，于浇俗冀有更焉"[①]"《六经》皆以情教也。《易》尊夫妇，《诗》首《关雎》，《书》序嫔虞之文，《礼》谨聘奔之别，《春秋》于姬姜之际详然言之，岂非以情始于男女？"[②]冯梦龙把情欲与教化相联系，用情去感动人、号召人、教化人，使人人做有情之人、人人为有情之事，并从古之《六经》中寻找依据，以自己的"情教论"去解释世间的一切，且在《情史》里，冯梦龙更是以情为总标准，将世间之事分为二十四类[③]，可谓独步天下。在具体的小说文本创作中，冯氏对情的推崇更是达到极致。辑录在"情仇类"里的《珍珠衫》与其所撰的《喻世明言》中的《蒋兴哥重会珍珠衫》讲述的是同样的故事，但《珍珠衫》的教化意味明显减弱，淫人妻子的商人没有客死他乡，商人的妻子也没嫁蒋兴哥，通读整篇小说，留给读者的是蒋兴哥与妻子之间的深情厚谊，是人性中真性情的表达。而在《杜十娘》中，小说前半部分叙述的重点是杜十娘如何执着、殷勤地克服种种困难，从妓院中挣脱与情人李生在一起，在小说的后半部分中，当杜十娘发现了李生的猥琐胆小，发现她所企望的爱情就是一场幻梦时，她选择了自杀，而死前痛责李生和商人的话，可谓是爱之切、情之真的歇斯底里地喷发式表达。情成为冯梦龙最高的追求，是衡量小说人物的唯一标准和刻画小说人物的最高宗旨。

通过李、汤、冯等诸多名士对至情至性的提倡和推崇，情在古代小说中

① ［明］冯梦龙：《情史序》，见朱一玄编：《明清小说资料选编》（上、下），南开大学出版社 2006 年版，第 981 页。

② ［明］冯梦龙：《情史叙》，见朱一玄编《明清小说资料选编》（上、下），南开大学出版社 2006 年版，第 982 页。

③ 《情史》分二十四类，分别是情贞、情缘、情私、情侠、情豪、情爱、情痴、情感、情幻、情灵、情化、情媒、情憾、情仇、情芽、情报、情秽、情累、情疑、情鬼、情妖、情外、情通、情迹。

的地位得到了空前的提升。明末清初，出现了极端强调情的小说题材，即才子佳人小说。这些小说以描写男女主人公的感情为主，一般始于“私定终身后花园”，中经父母阻挠、世俗成见，但最终“金榜题名”“洞房花烛”。故事虽有程式化、套路化之嫌，但对情的强化和突显是不遗余力的。在这些小说及后世的诸多类似小说的命名中，也多强调情，以及与情相关的因素，如“梦”“缘”等字词，如《水石缘》《双美奇缘》《金石缘》《欢喜缘》《梦中缘》《绣球缘》《绣屏缘》《意中缘》《意外缘》《意内缘》《定情人》《情梦柝》《一片情》《山水情传》等。这些小说讲述的是男女悲欢离合、蜜意恋情的爱情婚姻故事，而作者在情的感召下，找到了与自己感情相契合的地方，进行一种心灵的表白和补偿。在整个古代小说的发展史上，情的大行其道，促进了世情小说的兴起并迅速繁荣，而小说命名中对情的强调，又使得“情”字（包括与“情”相关的字迹）成为世情小说命名的高频词汇，成为言情小说的重要标志。尤其是强调纯情的才子佳人小说，如《一片情》《定情人》《情梦柝》等。

与此同时，受世俗心理的影响，文士风流又多沦为市井艳遇，从而使小说的题目散发出“性欲”的气息，如《绣榻野史》《浪史》《巫山艳史》《风流和尚》《肉蒲团》。而这也仍是明中后期“崇情尚真”思潮的题中应有意，“真”既强调发自本心的性情之真、感情之真，也提倡对人真实物欲、情欲等自身欲望的真实表达，此类小说只不过是对后者的过分表达和书写。此类小说在整体呈现床笫趣味的同时，也表现出几种趋同的命名方式：一是在讲述历史人物宫闱秽史的故事中，命名上多用“野史”“艳史”，如《隋炀帝艳史》《武则天外史》，或者是比附而成的“史”，如《龙阳逸史》《桃花艳史》《株林野史》《玉妃媚史》《艳婚野史》；二是“巫”“春”“花”等字，在辞源上暗指男女身体结合或情欲萌发之事，故小说命名中多此类字迹，如《巫山艳史》《呼春野史》《春灯迷史》《醉春风》《杏花天》《采花心》《载花船》；三是假借“梦”“缘”“情”等较纯洁的名词，如《灯月缘》《绣屏缘》《巫梦缘》《催晓梦》《双姻缘》《欢喜缘》《奇缘记》《闲情别传》《一片情》《怡情阵》，既有迤逦缠绵之感，又可混淆视听；还有一类，在题目上影影绰绰、欲说还休、欲盖弥彰，令人产生另一种神往，如《桃花影》《梧桐影》。撩人心魄，迷人心智，激起强烈的感官刺激，是此类小说命名的共同意图和整体追求。“狎妓”和“艳遇”，也是世情小说的两大常见题材，前者多为狭邪小说，后者则为艳情小说（孙楷第先生称之为“猥亵小说”)。两者都是在“情爱”思想的影响下,异军突起、繁荣壮大的小说题材,不过多是其中的浊流而已,尤其是后者。“情”在作家主体意识萌发、书坊主促销、市民阅读需求等多种因素的影响下,从肯定人性走向了放纵人性,从向往个体人格的自由与平等走向了歌颂世俗欲望的享乐与狂欢,由一种审美理想的建构与对人性的深刻感悟变成了一种欲望夙愿的表达与对正常伦理的挣脱与堙没。小说命名既承载着这样的变化,也目睹了这样的沉沦。

这种人性的觉醒与狂欢在明末达到了它的第一次高峰。伴随江山易主、王朝更迭,清朝的统治者们将其重新打入禁锢的牢笼之中。然而,到了清朝中晚期,尤其是清末,人性的正常需求再次冲破了礼教思想的藩篱。明朝中晚期提倡的具有人类共性的“情”再次萌发,而这一次它更是与娼妓文化、文人的冶游之风、倜傥风流的文人本性、上海蓬勃发展的商业都市性紧密结合、相互交叉,终使狎妓之作大行于世、畅销一时。[①] 狭邪小说本是士大夫和文人心理补偿的一种变相表达,如《青泥莲花记》。而此时期的狭邪小说数量较之以往大大增加,如《品花宝鉴》《花月痕》《青楼梦》《海上花列传》《风月梦》《海上尘天影》《海上繁华梦》,等等。在其命名中,多“花”“梦”“海”之字,一方面含有烟花之地花团锦簇、繁华炫目,令人顿生流连忘返之感,另一方面也表达出作者深知好景不长、凋零易碎的清醒意识,同时还表现出“梦”的亦真亦幻、迷离深幽、无限寄托、诗意理想而终属渺茫、一切成空之感,凡此种种终形成了此类作品题目共同的价值取向和审美品格。加之,作为书写背景,当时极度繁华的上海(多数狭邪小说的背景地点),又为小说增添了海的空蒙迷茫、海市蜃楼的气氛和意境。这里以《品花宝鉴》和《花月痕》为例来看作者情感旨趣、小说内容情调在小说命名中的体现。《品花宝鉴》讲述的是贵族公子梅子玉与名伶杜琴言之间的同性恋故事。在古代伶人的社会地位很低,而身为贵族公子的梅子玉欣赏杜琴言的才艺,且梅子玉不是品赏玩弄的心态,而是发自内心的同情,并在仰慕和赏识中,萌发了对杜的爱意。但梅子玉已属家道中落,根本无法保护杜琴言,而杜的身份又使自己几经坎坷浮沉,梅子玉也只能做一个痛心疾首的旁观者。作者在这里

① 参见张俊、沈治钧:《清代小说简史》,山西人民出版社2005年版。

是用同情、欣赏、赞美的心态和笔调来描写和叙事，则写得越美丽、雅致，就越能增加后来坎坷遭际的悲凉、凄清之感。前文“花”绽放得有多绚丽，后文“花”凋谢得就有多破败，强烈的反差给人以联想不尽的画面感和咀嚼不尽的感伤。《花月痕》是写韦痴珠与刘秋痕、韩荷生与杜采秋两对恋人的故事。韦痴珠才华横溢、文武双全，但性情狷介、不合于世俗，因而破落失意，最终在贫苦悲愤中死去。同时，深爱对方的刘秋痕美貌脱俗、孤傲不群，并最终为爱人殉情。而韩与杜的身份、才华、情意与前二人基本相同，但境遇却大不一样。韩荷生建功沙场、得将封侯，其与杜采秋也结百年好合，享人间荣华富贵。两对恋人的对比叙事表现得十分明显，韦痴珠与刘秋痕的故事作者自己身世的写照，韩荷生与杜采秋则成为作者理想的表达。这样，“花”与“痕”的对照衬托，一方面使小说形成了意境朦胧的韵味，另一方面也使小说有了清晰明了的意义阐释。“情”在狭邪小说中不乏偏离，或有溢美之嫌，但也更能看出“情”在人性中的重要意义和对心灵的弥补与净化的作用。

三、崇尚俚俗

在明朝开国之初，程朱理学被确立为治国之本，但是理论和现实的双重矛盾使其受到了强烈质疑。王阳明承南宋陆九渊的衣钵，建立“心学”。王阳明主张“天地万物一体”，认为“良知良能，愚夫愚妇与圣人同”，即普通百姓和圣人大夫是一样的，都可以“致良知”，这样，就形成其独特的“亲民论”。“明明德者，立其天地万物一体之体也。亲民者，达其天地万物一体之用也。故明明德必在于亲民，而亲民乃所以明其明德也。”[①]即普通百姓也有明德和悟道的权利和能力。“阳明心学”又强调“知行合一”，而要让普通黎民百姓都能明白世间大道，“须做得个愚夫愚妇，方可与人讲学”。他想出的办法之一便是“今要民俗反朴还淳，取今之戏子，将妖淫词调俱去了，只取忠臣、孝子故事，使愚俗百姓人人易晓，无意中感激他良知起来，却于风化有益”[②]。本被士大夫文人轻视鄙夷的通俗小说，在王阳明这里无疑是点铁成金的法

① [明]王守仁：《阳明先生集要三编（黔南今本）》全2册，施邦曜辑评，刘宗碧点校，西南交通大学出版社2019年版，第164页。

② [明]王阳明：《王阳明全集》，中国画报出版社2016年版，第139页。

宝。阳明之说"一方面为通俗小说登上大雅之堂提供了进门券，另一方面也为士人参与通俗小说创作和评论提供了堂堂正正的理由"①。承王学衣钵的李贽更进一步提出了"迩言说"。"如好货，如好色，如勤学，如进取，如多积金宝，如多买田宅为子孙谋，博求风水为儿孙福荫，凡世间一切治生、产业等事，皆其所共好而共习，共知而共言者，是真'迩言说'也。……我之所好察者，百姓日用之'迩言'也。"②李贽所谓的"迩言"就是百姓日用之口语，没有故意的藻饰和拗口的附庸风雅，"迩言"是其"童心说"的自然延伸，是纯真天然的追求在语言上的表达。那么，文学作品也自然强调使用百姓的日常之语、率真之言。同样，在小说的具体创作中，冯梦龙也提出了"谐于俚耳"的说法，"明者，取其可以导愚也；通者，取其可以适俗也；恒则习之而不厌，传之而可久"③，通过日常适俗的语言来教化开导民众，且这种教化随着日常适俗性语言的永恒性，得到恒久的留存。可一居士的《醒世恒言序》完全道出了冯梦龙撰写小说的宗旨，即用通俗的手法达到教化的目的，冯氏之想法与阳明之道完全吻合。同为冯梦龙编写的《情史》和"三言"的语言，则通俗、适俗之意表露无意。特别是对相同题材内容的小说篇目进行比较，如《珍珠衫》与《蒋兴哥重会珍珠衫》，《杜十娘》与《杜十娘怒沉百宝箱》，前者运用的还是文言，而后者则几乎都是白话和浅近的文言。

"俚俗"的观念自然而然地体现在小说的命名中，且更为直观的是在题目中标举"通俗"二字，如《三国志通俗演义》《大宋中兴通俗演义》《开辟衍绎通俗志传》《东汉通俗演义》《唐书志传通俗演义》《征播奏捷传通俗演义》等，"通俗"成为小说醒目的招牌。"盖欲读诵者，人人得而知之，若诗所谓里巷歌谣之义也。"④"使愚夫愚妇亦识其意思之一二。"⑤"文不能通，而俗可

---

① 石昌渝：《王阳明心学与通俗小说的崛起》，载《文学遗产》2007年第2期。

② ［明］李贽：《焚书·续焚书》，岳麓书社1990年版，第39页。

③ ［明］可一居士：《醒世恒言序》，见朱一玄编：《明清小说资料选编》（上、下），南开大学出版社2006年版，第902页。"三言"的三篇序分别用了"绿天馆主人""无碍居士""可一居士"三个名字，但应当都是出自冯梦龙之手。

④ ［明］蒋大器：《三国志通俗演义序》，见朱一玄编：《明清小说资料选编》（上、下），南开大学出版社2006年版，第58页。

⑤ ［明］熊大木：《大宋演义中兴英烈传序》，见朱一玄编：《明清小说资料选编》（上、下），南开大学出版社2006年版，第151页。

通，则又通俗演义之所由名也。”[①]“通俗”得到了文人、书坊主共同的认可和追求，而这些也正体现了读者大众的需求，所以，“通俗”亦如“情”有了广泛的社会基础和文化意义。而且，“通俗演义”中的“演义”主要有两个方面的意思，一是字词释义、名物考证，二是阐发义理。[②] 而刘廷玑在《在园杂志》中云：“演义者，本有其事而添设敷衍。”峥霄馆所刊《型世言》的第一回和第七回也称“演”，修髯子张尚德在《三国志通俗演义引》中更称：“史氏所志，事详而文古，义微而旨深，非通儒夙学，展卷间，鲜不便思困睡。故好事者，以俗近语，檃括成编，欲天下之人，入耳而通其事，因事而悟其义，因义而兴乎感，不待研精覃思，知正统必当扶，窃位必当诛，忠孝节义必当师，奸贪谀佞必当去，是是非非，了然于心目之下，裨益风教，广且大焉，何病其赘耶？”[③]无论是传统文人，还是书坊主与评点家都强调了“演义”偏重于阐发义理、解惑明理的意义，都强调“演义”面向民间、针对世俗的特性，即用通俗的方式阐发义理、演说故事。那么，“演义”本身也就有了“通俗”的性质和指向。“以通俗谕人，名曰演义。”[④]“俗不可通，则义不必演矣。”[⑤]“且又惧齐民不能悉达经传微词奥旨，复又改为演义，以便人观览。”[⑥]“通俗”与“演义”似乎是我中有你、你中有我的关系，且早期成熟的章回小说大都是历史演义题材，同时白话小说又具有流通性的特点，遂使得“俗”不仅成为早期历史演义小说的标志性词语，还成了小说创作观念的体现。

完满、情爱、俚俗，审美在不断地回归大众、回归人性、回归日常。审美的变化诉说着中国文化的变迁，作为中国文化一个分支的中国古代小说，体现着这种复杂而深刻的变化，而作为古代小说重要标志的小说名称，也表达

---

① ［明］袁宏道：《东西汉通俗演义序》，见朱一玄编：《明清小说资料选编》（上、下），南开大学出版社 2006 年版，第 12 页。

② 参见谭帆：《中国古代小说文体文法术语考释》，上海古籍出版社 2013 年版。

③ ［明］张尚德：《三国志通俗演义引》，见朱一玄编：《明清小说资料选编》（上、下），南开大学出版社 2006 年版，第 59 页。

④ ［明］杨尔曾：《东西两晋演义序》，见朱一玄编：《明清小说资料选编》（上、下），南开大学出版社 2006 年版，第 124 页。

⑤ ［明］甄伟：《西汉通俗演义序》，见朱一玄编：《明清小说资料选编》（上、下），南开大学出版社 2006 年版，第 13 页。

⑥ ［明］余邵鱼：《题全像列国志传引》，见丁锡根：《中国历代小说序跋集》，人民文学出版社 1996 年版，第 861 页。

着这种丰富而多彩的演变。内在隐性的审美观塑造了外在显性的小说命名样式,而小说命名也以多种样式和样子吸引我们去挖掘其内在的隐性的魅力。可能小说命名因素探究的魅力也正在于此。

小结

从诸子百家、先秦典籍,到官方文献、民间札记,无不记载着文学的双重属性——教化性与娱乐性;从中华文明的起源,到官方文化与民间信仰的交叉融合,无不体现着文化的双重样式——史传式和宗教式。小说作为文学与文化的载体,也承载着这样的多重性和多样性。文化与文学的发展孕育了小说,教化与娱乐、史传与宗教也在它们各自的发展中生成了小说的诸多特性。小说归于子、史二部,子部以明理和言说为主,史部以记事和叙事为主,明理则为教化,言谈或有娱乐,史传强调记叙,宗教亦重叙事。四种观念共同熏陶和铸就了小说,小说也体现着四种观念的交叉和融合。同时,小说也用自身文体与类型分支承担着四种观念的不同影响,文言小说多为子部说理,白话小说多为史部叙事,志人小说多有娱乐倾向,志怪小说多用宗教意象,话本小说兼顾教化娱乐,章回小说承续史传宗教,等等。而中国古代小说的命名也传承了这些特性,并用自身的存在证明了这些特性。“功能”“作用”“认知”“意识”,作者对小说及其命名的影响是连续和共性的。

“奇书”、“才子书”、身世遭际、文化修养、个人目的,评点者的意识与观念对小说命名的影响或掀起社会的潮流,或形成名著的效应,从社会共性和作品个性的两个层面为小说命名留下浓墨重彩的一笔。标示刊刻时间与版次,强调版本的权威和正当,编撰评点本、注释本、绘图本,分刊、合刊已有小说,编撰“评林”体与“按鉴”体,篡改以造新书,编撰以造续书,书坊主从小说的版本刊刻、新书创作、翻刻复刻、改刻编刻等多个方面对古代小说的发展和繁荣形成了巨大影响,也极大地丰富了小说的命名方式。一书多名、附加名、名不副实等多种小说命名的现象也多是由书坊主造成的。评点者和书坊主是继作者之后,促使古代小说(通俗小说)走向成熟和繁荣的重要推手,是对小说及其命名影响最大的一类人群。而且，由于古代小说(通俗小说)实际地位的卑微，小说的真实作者往往是缺席的，而多以实名出现的评点者和书坊主在当时的地位和影响力甚至高于作者，于后世的研究而言，评点者和书坊主也就更具有研究的可操作性和特有的文学与文化价值。而且，评点者与书坊主的身份更呈现出一种“你中有我、我中有你”的状态，一是像冯梦龙、凌濛初一类的人本身兼具评点者和书坊主的双重身份，二是像熊大木、余象斗一类的书坊主偶尔客串评点者，三是下层文人评点者本身就是书坊的写手和工作人员。这样，评点者与书坊主成为“作者—作品—读者”关系链中间“作者—读者”的存在，即“小说第二作者”和“读者的引导者”。而这一特殊身份对小说及其命名的影响，虽不及“作者观念”的连续性和共通性，但阶段的轰动性和个体的效应性是极强的。

禁毁政策导致了小说更名，倡导利用带来了“按鉴”“演义”“忠义”“侠义”等某些题材小说创作的高潮期，政治动荡变革导致了时事小说、谴责小说、“新小说”的出现和繁荣，政治在小说的发展中扮演了重要角色。而在人性心理和社会思潮共同作用下所形成的追求完满、追逐情爱、崇尚俚俗的审美倾向，更是促进了古代小说的创作，不仅出现了数量繁多的续书，还拓展了通俗小说的题材类型。相比于“作者”“评点者”“书坊主”，社会环境代表了更广阔的读者群对小说的诉求，可以称之为“广义的读者”，而且，它所施于小说及其命名的影响更带有迅速性、直接性、彻底性的特点。禁毁直接导致小说更名，且新名中绝无旧名的痕迹，脱胎换骨般的方式，如不看书之内容，定会以为是新作；倡导利用直接导致历史演义小说的兴起、英雄侠义小说的繁荣，且在小说命名中赫然突出“按鉴”“演义”“忠义”“侠义”等字迹；政治动荡与变革，直接导致强调“忠奸”“现形记”“怪现状”“恨”“痛”“泪”“血”“新”“革命”等诸多褒贬明显、情感强烈、富有反讽色彩、强调新旧变革的词语出现在小说的命名之中，这些词语也成为时事小说、谴责小说、“新小说”、“革命小说”的标志。追求完满的审美愿望，则使得“圆”“后”“补”“续”“复”等词成为通俗小说续书的主要标志，并且这些命名的关键词还表明了续书的方式；追逐情爱的审美体验，则使言情小说与艳情小说迅猛发展，小说命名中出现了强调感情的“情”“梦”“缘”等字和“巫”“春”“肉”“野”等字，总之与“情”相类的词语频繁出现；崇尚俚俗的审美倾向，则使

“通俗”和包含有通俗意味的“演义”大行其道,既促进了历史演义小说的发展,也加快了小说本身的通俗化进程。

“创作—传播—接受”是个互动的过程,但就中国古代小说的具体情况而言,互动的源头始于“创作”,而当“创作”的动力不足时,“传播群体”与“接受群体”部分及时地转化为“创作群体”,并提供了充足的古代小说“创作”,从而使得互动能够顺畅地进行下去。同时,这种转化也造成了古代小说萌发、形成、发展等多个阶段的复杂性,而关于小说命名因素的探讨正是针对这些复杂性的探讨。“作者—评点者、书坊主(特殊的作家与读者)—社会审美(广义的读者)”的研究参照系,几乎涵盖了影响小说创作和命名的大部分因素,也是解决这种复杂性较为有效的方式。接下来,这些因素对小说命名形式和特征的具体影响,特别是具有连续性和共通性的小说观念对小说命名的具体影响,则是下论所要进一步论述的内容。

下论　古代小说命名的形式

古代小说的命名形式与古代小说的观念、题材内容、叙事方式、存在环境等要素都有着密切的关系，而这些要素的融合恰恰形成了不同的小说类别。那么，古代小说的命名形式就呈现出因小说类别的不同而出现的命名“类型化”的现象和特征。所以，本部分就以小说的类别为区分进行论述。中国古代小说按照不同的标准可以分成不同的类别，如按文体形式分为文言小说、白话小说，按雅俗文学分为通俗小说、文人小说，按题材内容分为历史小说、爱情小说、神魔小说，按文本形式分为单篇小说、合集小说，按字数多少分为短篇小说、中篇小说、长篇小说，等等。由于划分标准的不同，小说的类别千差万别，大类的不同还会造成细类的多样性，而且，大类区分的界限不清或者标准过细，也会导致细类区分的繁复和交叉。所以，本部分的小说区分采用最明晰的文体区分，即文言小说与白话小说。同时，根据小说命名的真实存在状态，这种区分也能最透彻地梳理出古代小说的命名样式，最大限度地涵盖古代小说的文本样式，最大程度地减少细类划分时的繁复和交叉现象。然后，在文言与白话的大类区分之下，再根据古代小说的文本状态进行细类的分类论述。

总之，本部分的论述清楚地阐释了中国古代大部分小说的命名形式与命名特点情况。并且，诚如前文所言，希望通过对小说命名形式特点的分析，更好地理解有关小说本身和有关文学及文化现象。所以，在论述中密切关注小说命名的观念、小说命名的形式、小说的内容和主题之间的关系，关注外部文学或文化现象在小说命名中的反映，并将这些因素相联系，做到统筹分析。

第四章　文言小说

承上论所言，中国古代小说在先秦时期就已经出现了雏形（《庄子》《论语》都有论及）。秦代短祚，至汉朝才有充足的时间对文化与文献进行整理。西汉刘歆、刘向父子编撰了《七略》，但今已亡佚。东汉班固又作《汉书》，所录十家，虽其云“可观者九家”，然位列第十家的“小说”幸而尚存，这也是古代官方整理收集的第一个小说名录。其中共收小说十五家，或因小说地位低下，或因数量稀少，班固并没有对其分类。但从历史的角度而言，他为小说这一文体争取了官方和文献学的一席之地。后来，无论是官方《艺文志》《经籍志》一类文献类的资料，还是私人书目藏书类的资料，人们都习惯于著录小说一门。而且，关于小说的论述，不仅有官方文献著录者程式化的论断，还有知名文人从自己的视角、学识出发所作出的阐释，且后者的论述不但不被传统观念所限，还更加细致，例如以史学观念看待小说的刘知幾，以学者眼光定义小说的胡应麟，等等。这样，一方面小说著录、留存的数量在增加，另一方面人们对小说的认识也在深化。

就数量而言，不仅官方收录的小说篇目与日俱增，如欧阳修《新唐书·艺文志》竟已收小说约二百卷（值得注意的是，这还是官方对小说一直秉承贬低否定态度所辑录的情况，那么真实的情况可能更为惊人），还有如《百川书志》《也是园书目》《直斋书录解题》等私人藏书书目以著录小说而名于后世的。就认识而言，士大夫们更是以严谨的态度对文言小说进行了分类。其中，官方一般按照四部分类法，或归于子部，或归于史部。即使未有四部分类前的班固，也说小说“或托古人，或记古事”，总之不出子、史二部。而关注小说的文人不仅没有囿于四部分类法，还对小说做了更为细致的内部分类。其中，较有代表性的有刘知幾，其以史学家的严谨态度将小说细分为十类：一曰偏记、二曰小录、三曰逸事、四曰琐言、五曰郡书、六曰家史、七曰别传、八曰杂记、九曰地理、十曰都邑簿。虽然刘氏本着史学求真观念对蕴含虚构的小说所持的是否定态度，但也足见小说发展的繁复状态。至明代，学者胡应麟又将小说分为六类：

一曰志怪：《搜神》《述异》《宣室》《酉阳》之类是也；

一曰传奇：《飞燕》《太真》《崔莺》《霍玉》之类是也；

一曰杂录：《世说》《语林》《琐言》《因话》之类是也；

一曰丛谈：《容斋》《梦溪》《东谷》《道山》之类是也；

一曰辩订：《鼠璞》《鸡肋》《资暇》《辩疑》之类是也；

一曰箴规：《家训》《世范》《劝善》《省心》之类是也。

胡应麟以藏书丰厚、通晓各家学说、不囿于一家观点而著称于世，且明代已经是文言小说充分发展的时期，故胡氏的论断是相对客观和宏观的。以今人的小说观念衡量，"其中前三类，一般的目录学者也列为小说，后三类则往往与杂家等类相出入"①。同时，作为中国文献的集大成之作《四库全书》也将文言小说分为：杂事、异闻、琐语三种。所以，本书在综合历史各家学说的基础上，再结合现代小说观念，将本书所论述的文言小说分为三类：志人小说、志怪小说、传奇小说。其中，志人小说大致以杂事和琐语两大类为主，志怪小说则大致等同于胡氏的志怪一类且包括《四库》的异闻一说，传奇小说则承继胡氏的传奇一类且有所扩大（详见后文）。

第一节　志人小说

"小说家者流，盖出于稗官，街谈巷语，道听途说者之所造也。孔子曰：'虽小道，必有可观者焉，致远恐泥。'是以君子弗为也，然亦弗灭也，闾里小知者之所及，亦使缀而不忘，如或一言可采，此亦刍荛狂夫之议也。"②班固《汉书·艺文志》给出的关于小说的第一个定义，虽承孔子之说法，但论及了小说的诸多方面。其中，"稗"者，小也，"稗官"即为小官，是以收集民间各种细小、琐碎的言论为任务的职位低微的官员。"街谈巷语""道听途说"点出

① 程毅中：《唐代小说史话》，文化艺术出版社 1990 年版，第 17 页。

② 鲁迅：《中国小说史略》，春风文艺出版社 2020 年版，第 2 页。

了此类消息或信息的来源，紧接着，引用的孔子的话则点出了此类言论的作用，“然亦弗灭也，闾里小知者之所及”则在大体否定性的定论后，对其功能给予了小部分的肯定。而“缀而不忘”，则说明了此类文体存在的形式。那么，班固的这段话论及了小说的来源、作用、地位及形式。同样，早于班固的桓谭在《新论》里亦云：“若其小说家，合丛残小语，近取譬论以作短书，治身理家，有可观之词。”综上，春秋时期的孔子和庄子是从词源角度对小说进行了说明，汉代桓谭和班固则是从文类和文体的角度对小说进行了说明。然而，无论是词源角度的陈说，还是文类或文体角度的定论，这些观念都对后世小说的书写样式形成了深远的影响。中国古代小说最早出现的样式就是随手而采、信手而编的笔记小说，正如鲁迅先生所言“非有意而为”。这在小说的命名上有着明显的体现，如《板桥杂记》《北窗琐语》《瓯巢闲笔》《莼乡赘笔》《杜阳杂编》《云溪友议》《桂苑丛谈》《玉堂闲话》《纪闻》《异闻集》。一是“杂”“琐”“闲”“赘”“偶”“漫”“随”等字在小说的命名中随处可见，此是“小”“稗”观念的体现。二是此类小说的内容多是消息、信息、民间传说、闲言碎语等的记载，有着明显的“闾里小知者之所及”“道听途说”“刍荛狂夫之议”的痕迹，命名中多出现“闻”“议”“话”“言”“语”等字迹。三是小说多是以短章小则的形式呈现，零星连缀一起，则是“缀而不忘”“丛残小语”的最好说明。古代文人将其概括为“琐言”“杂事”“逸闻”等类，于今看来则类似于今人所做的笔记形式，随时札记、成条累目，或为一时兴致事物所记，或为一时逸闻趣谈所录。且此类小说不刻意讲求虚构，仅有道听途说的非真实感，不刻意于文采，大多文笔简朴，有一定的故事性但情节感较差，不主叙事而以记叙为主。这样，从小说的存在形式到小说记录的内容，将其命为“笔记小说”实为恰当。而就其所记内容而言，记人物言行举止则为志人小说，记怪诞灵异之事则为志怪小说，记杂事琐事、百类碎录则为杂录。值得注意的是，如果以现代小说观重叙事和讲虚构的特点来衡量，那么杂录类中的小说也是指有叙事成分的，那些单纯的天文地理、日用百科则不在此范围之内，后者也就是胡应麟六分小说中后三类。相对于志人、志怪小说而言，杂录类是笔记小说中现代小说元素最弱的一种，然就数量而言却是最多的一种，这也能看出古人主流的小说观念。而且，杂录小说的命名形式也最能体现笔记体小说“小”“稗”为观、“一言可采”为念、“丛残小语”为形、“缀而不忘”为编的特点。

而作为笔记小说另一大类的志人小说，在起源上虽然有文献学的影响，但也受到其他因素的影响。且相比而言，前者只是基础性的因素，后者起到了促成性的作用。魏晋时期，因采用九品中正制为选官用人的制度，故而导致人物的品评赏鉴之风盛行，人物的言行举止成为世风时人关注的重点，且“以貌取人”往往起决定性的作用。在这里，如果说“品”“赏”自身带有的非理性因素与小说“途说”有相通之处，那么“评”“鉴”的“一言可采”在这时就变成了“此言甚重”，故而志人小说兴起。此类小说保留了笔记体小说的主要特点，如“小”“稗”“残丛”形式特点，而其内容则更偏重于“街谈巷语”“道听途说”“刍荛狂夫之议”，而这些突出的特点也恰好反馈在小说的命名上，最知名者如《世说新语》。在小说的题目中强调“说”“语”等关于言语类的文字，这也是志人小说的一大标志，如《唐语林》《明语林》《庭闻州世说》《云溪友议》《戎幕闲谈》《牧竖闲谈》《西峰谈话》《茶余客话》《漫叟见闻录》等，小说在命名上突出“说”“话”“论”“议”“谈”“语”“闻”等字。《说文解字》中，“说，释也。从言兑声，一曰谈说。”“语，论也，从言吾声。”“谈，语也，从谈言声。”“论，议也，从言仑声。”“议，语也，从言义声。”“闻，知闻也，从耳门声。”这些词都与言相关，强调话语的重要性。此类小说也正是以人物语言的深远隽永、精辟独到、新鲜脱俗见长，小说在体例内容上也多以对话交锋、网罗视听为特点，小说的命名无疑表明了此点。[①] 而且，作为志人小说的典范之作《世说新语》开创的体例模式，即以人物言行的特点而分门别类记载的形式，也多被后世的志人小说承袭。同时，此类小说也大多被官方文献著录于子部之下，也证明了古人和今人所关注的都是它非凡的言语意义。

在官方与文人重视言语说教明理功能的同时，人们也注意到了言语的另外一种功效——谐谑。《论说》云：“说者，悦也；兑为口舌，故言资悦怿。”

---

① 《世说新语》提要：“所记分三十八门，上起后汉，下迄东晋，皆轶事琐语，足为谈助。”［唐］韦绚《刘宾客嘉话录》：“晨昏与诸子起居，或因宴命坐与语论，大抵根于教诱，而解释经史之暇，偶及国朝文人剧谈，卿相新语……”［唐］范摅《云溪友议序》：“每逢寒素之士作清苦之吟，或樽酒和酬，稍蠲于远思矣。谚云：街谈巷议，有裨与王化；野老之言，圣人采择。孔子聚万国风谣，以成《春秋》也，江海不却细流，故能为之大。摅昔籍众多，因所闻记，虽未近于丘坟，岂可昭于雅量；或以篇翰嘲谑，率尔成文，亦非尽取华丽，因事录焉，是曰《云溪友议》。”《四库全书总目》：“其书皆纂集异闻。”《客窗闲话序》：“议论渊深，生平郁勃之气……。”

那么,"说"在以"言语"为释义的本质功能的起源时,就带有了愉悦的意味。并且,随着语言的发展,"说"字携带的辅助功能也得到了重视。"笑""谑""谐""启颜""解颐""俳谐""滑稽"等词语,逐渐成为小说命名中的高频词汇。"启颜""解颐"都是引人嬉笑、为人解忧、开怀畅心的意思。"俳谐""滑稽"的产生可能与早期的曲艺表演有关,而这类技艺在产生之初就是一种娱乐的活动,所以这些词语都包含着愉悦心情、排忧解闷的意思。如《笑林广记》《笑苑》《会昌解颐》《启颜录》《俳谐集》《捧腹编》《绝倒录》《滑稽集》《解愠编》《喷饭录》《拊掌录》《排闷录》《遣愁集》《嘻谈录》等,这些小说编撰的目的都是为了怡人心脾、开心解闷、排忧畅怀,小说的题目已将此意表达得十分明显。在文言小说中,也出现了寓言一类,如《毛颖传》《香奁四友传》《十处士传》,三部小说的命名都采用了比喻、拟人、象征之类的手法,"毛颖"是将毛笔拟人化,"香奁四友"是写文房四宝,"十处士"是写十种日常用品,作者写此小说多是别有寄托。《毛颖传》是韩愈以毛笔自寓抒写不平之情,《香奁四友传》是陆奎章借宫嫔之香奁讽谏君王,《毛颖传》乃"肆出奇怪""以文为娱",《香奁四友传》更是"争新出奇""游戏翰墨之具",《十处士传》也是"冷官游戏,消遣日月之计",故三者皆属于笑话一类。[①] 文人游戏笔墨,编撰小说以怡情,从小说诞生之日起至后世不绝。据宁稼雨《中国文言小说总目提要》中统计"谐谑类",唐前5部、唐五代5部、宋辽金元共19部、明代50部、清24部。王利器《历代笑话集》及《历代笑话集续编》共辑录历代笑话集70多种,其中明30多种、清10多种,约占总数的70%。可见,明清两代的笑话类小说数量明显增多。早期小说被归于子部,子部所着眼的"明理"与"言说"功能也在小说的发展过程中发扬光大,古代小说的子部小说观名副其实,而小说命名更是其名副其实的充分证明。

① 参见侯忠义编:《中国文言小说参考资料》,北京大学出版社1985年版。

第二节　志怪小说

一、博物小说与仙怪小说的命名

“昔者初民，见天地万物，变异不常，其诸现象，又出于人力所能以上，则自造众说以解释之：凡所解释，今谓之神话。”①“迨神话演进，则为中枢者渐近于人性，凡所叙述，今谓之传说。”②《山海经》是中国最早的地理类书籍，而由于其记载多有荒诞、浮想之笔，后世多以神话视之。此可谓志怪小说的雏形。后又有《十洲记》《括地图》等。《女娲补天》《后羿射日》《盘古开天辟地》《夸父追日》，这些作品则是“近于人性”、家喻户晓的传说故事。“语怪”既是人好奇心的体现，同时也正如鲁迅先生所言天文地理、世间万物皆有人力所不能及者，更何况此时是人类的原初时期。那么，《山海经》《十洲记》《括地图》等则承载着早期先民对世界的想象和理解。“山”“海”“洲”“地图”，此类词汇的出现也阐明了早期的志怪以想象、幻想的未知世界为“怪”。而受此观念影响，志怪小说中渐渐形成了“博物体”小说，博记殊方异域、奇境怪物，在此类小说的命名中，或多地理方位之词，如《山海经》《十洲记》《括地图》等，或含探求玄冥之意，如《洞冥记》《洞微志》《通幽记》《玄中记》等。此类小说的数量不菲，是志怪小说的重要组成部分。

后来，如上文所言（上论第二节），史学成为中国古代的主流文化，然“怪力乱神，俗流喜道……至于大雅君子，心知其妄想而口竞传之，旦斥其非而暮引用之，犹之淫声丽色，恶之而弗能弗好也。夫好者弥多，传者弥众。传者日众，则作者日繁，夫何怪焉”③。一方面猎异好奇是人的本心，而另一方面官方的儒家史学文化都是摒弃“怪力乱神”之说的，士大夫微妙而矛盾的心理被同为文人的胡应麟道破。终由“好者弥多，传者弥众”，而至“传者日众，则作者日繁”。而“俗流”本就“喜道”，同时，“中国本信巫，秦汉以来，神

① 鲁迅：《中国小说史略》，春风文艺出版社 2020 年版，第 6 页。

② 鲁迅：《中国小说史略》，春风文艺出版社 2020 年版，第 6 页。

③ ［明］胡应麟：《少室山房笔丛》，见侯忠义编：《中国文言小说参考资料》，北京大学出版社 1985 年版，第 27 页。

仙之说盛行,汉末又大畅巫风,而鬼道愈炽;会小乘佛教亦入中土,渐见流传"[①]。中国古代的士大夫和普通百姓本就喜欢谈鬼论异、搜神志怪,都有"猎异"的审美情趣和心态,恰逢魏晋乱世,叹死忧生,本土宗教方兴未艾,这时佛教流入中原,因此,"志怪"终成文言小说之大流。且此一时期的"志怪",远比前一时期"怪"的内容要丰富,在原有神方秘域、怪力乱神的基础上,"神仙方术……不仅为其(小说)提供了一支人数众多、实力雄厚的作家队伍,而且还为其创造了一个丰富的以神仙为中心的人物系列,历史人物的仙化是神仙小说人物系列的另一个源头。现实中的奇人异人……是先秦两汉小说中仙人形象的又一个源头"[②]。洞天福地、仙境三界的创造也同样受到了佛道仙术思想的影响,"小说中表现的冥界,包括地狱。描绘出幽、冥两个世界,并把它们相连通,这完全是受佛教轮回观念影响的想法"[③]。这样,佛道仙术的宗教因素为人们与生俱来的猎奇好异心态提供了广泛的想象空间和丰富的思维模式,使之更加具有可操作性。想象中的神方秘域、宗教中的神仙人物、现实中的奇人异人、幽冥三界都纳入了志怪的范围,所以,仙神异怪也成为小说的重要内容。

在小说命名中,多直接出现"仙""神""怪""异""鬼""灵""幽""冥"等字,如《神异经》《列仙传》《神仙记》《列异传》《神异传》《搜神记》《志怪记》《乘异记》等,这些小说也都是以搜集、罗列、盘点神仙鬼怪、异化的人物和事情为主要内容。那么,上述词语也就成了志怪小说的重要标志。同时,如《湖海奇闻》《湖海摘奇》《古今胜览奇闻》《闻奇录》等,以"奇"字命名的文言小说也是以记载神怪仙妖之事为主。文言小说在命名中强调"奇",则也是志怪小说的一种标志。同时,还有两点值得注意。一是"奇"既证明了"猎异志怪"心态的存在,也说明了文言小说家之"奇"偏重于"奇异",带有明显的志怪色彩。二是小说中地域性词语的再次出现,如"湖海",则说明"怪"的范畴是扩大而并行的,而非厚此薄彼的。据统计在卷帙浩大、搜罗甚广的五百卷《太平广记》中,神仙 55 卷、女仙 15 卷、道术 5 卷、方士 5 卷、异人 6 卷,志

---

① 鲁迅:《中国小说史略》,春风文艺出版社 2020 年版,第 22 页。

② 孙逊:《中国古代小说与宗教》,复旦大学出版社 2000 年版,第 40 ~ 45 页。

③ 孙昌武:《佛教与中国文学》,见韩云波:《唐代小说观念与小说兴起研究》,四川民族出版社 2002 年版,第 249 页。

怪共86卷。同样,胡应麟亦言“幼尝戏辑诸小说为《百家异苑》,今录其序云:自汉人驾名东方朔作《神异经》,而魏文《列异传》继之,六朝、唐、宋凡小说以‘异’名者甚众。考《太平御览》《广记》及曾氏、陶氏诸编,有《述异记》《甄异录》……大概近六十家,而李翱《卓异记》、陶谷《清异录》之类弗与焉”①。

二、宗教小说与小说命名的宗教化

在先秦和两汉时期,与其说出现了小说,还不如说出现了小说的诸多要素,中国古代小说的萌发是在魏晋南北朝时期。② 魏晋南北朝时期,社会政治动荡、民不聊生、朝不保夕,这都给了宗教得天独厚的发展条件。而在宗教布道证教的过程中,产生了大量的宗教小说。“宗教小说实际上在小说文体的萌芽到自觉的过程中(魏晋到唐朝),都扮演了重要的角色:在萌芽阶段,宗教小说甚至是小说的主力军。”③如上文所言,宗教的传入为志怪小说的发展提供了丰富的人物形象和故事内容,拓展和延伸了想象的空间与时间,也改变了人们认识世界和想象世界的方式与观念。但相对于直接进行布道证教的宗教小说来讲,志怪小说的“加强版”只是宗教小说的余波而已。同样,正宗的宗教小说也可以看作是志怪小说的“变体”。其“变”主要体现为宗教小说的人物局限于宗教体系之中,内容更强调神鬼莫测、仙道灵验,风格上更趋向宗教意味,宗旨上直接强调信奉和皈依。所以,本书将宗教小说放入志怪小说一类借以考察。同时,随着内容、人物、叙事等方面的对比,两类小说本质观念的不同也跃然纸上。志怪小说起于“怪”,偏于“奇异”,有娱乐的影子;宗教小说起于“教”,偏于“说教”,纯为教化一途。

《光世音应验记》《续光世音应验记》《系观世音应验记》《宣验记》《冥祥记》《报应记》《感通记》《冤魂志》《幽冥录》《搜神记》《旌异记》,等等,这些小说也多是鲁迅先生在《中国小说史略》中所称的“释氏辅教之书”。其中,《光世音应验记》《续光世音应验记》《系观世音应验记》都是记载光世音(观

① ［明］胡应麟:《少室山房笔丛》,上海书店出版社2001年版,第363~364页。

② 参见韩云波:《唐代小说观念与小说兴起研究》,四川民族出版社2002年版。

③ 韩云波:《唐代小说观念与小说兴起研究》,四川民族出版社2002年版,第190页。

世音)显灵宣验的故事。小说的叙事结构也十分简单,仅仅是按照这些简单的宣验因果观念而展开,是否信奉成为情节的关键,用小说来大谈因果、劝善惩恶、教化民众、宣扬佛法。小说的名称也开宗明义地指出神祇普度的意思,以感召人们信仰宗教。唐王朝佛教盛行,宗教小说的作者都是佛教信徒,"笃信大法,精勤不倦""素信佛法""持戒甚精"。魏晋南北朝的宗教小说亦多是此路径,"古今善恶祸福征祥,广如《宣验》《冥祥》《报应》《感通》《冤魂》《幽明》《搜神》《旌异》《法苑》《弘明》……"[①]。小说的名称一方面带有浓厚的宗教气氛,另一方面也表明了小说与宗教的渊源关系。

"佛教思想的传入,与传统儒道思想产生了互动的关系,逐渐形成兼括三教的同源观念。"[②]那么,宗教所提倡的劝善惩恶、清规戒律,与崇尚儒家文化的上层社会所提倡的道德规范和世俗社会普遍遵循的行为准则,形成了内涵上的契合。这样,综合着宗教劝诫、道德说服的小说开始出现。唐临的《冥报记》成为较早的体现,其书强调"冥界报应"。首先,唐临不是教徒,在其小说中他也只是借用"布道证教"的幌子,而进行的是"世俗说教"。这只需拿宗教小说《冥祥记》与唐临《冥报记》中的故事进行对比便一目了然。宗教小说《冥祥记》"竺法义"条记,竺法义是佛门弟子,"疾病积时",日益加重,其"诚归观世音",晚间梦见一道人为其治病,而病愈。这个故事中"诚归观世音"是情节转折的关键,也是作者通过小说所要表达的中心意思。而在唐临《冥报记》"兖州人"条中,张生仅仅说了句庙中四郎神"仪容俊美",天神就不惜下凡,携其上天入冥与之同游,并且在张生妻子亡故后,令其再生。在这里没有对神灵的真诚信仰,没有反复的诵经祈祷,神灵也根本不在意这些宗教仪式和虔诚的考验,整个小说的宣教气氛十分淡薄。"(小说)到自觉阶段,虽然宗教小说的形式技巧甚至故事原型都仍然在继续发挥作用,但其根本立意却全面改观了。"[③]宗教的"因果""冥报""吉凶"等观念,不再是衡量对佛祖、道仙信奉程度的标尺,而是成为小说的一种叙事元素,情节链条

① [唐]道世:《法苑珠林》,见李剑国:《唐前志怪小说史》,天津教育出版社2005年版,第465页。

② 郑志明:《中国文学与宗教》,见韩云波:《唐代小说观念与小说兴起研究》,四川民族出版社2002年版,第199页。

③ 韩云波:《唐代小说观念与小说兴起研究》,四川民族出版社2002年版,第190页。

的一个组成部分。这样,小说及其命名,从单纯的宣讲教义到了日常观念的表达,从宗教的神殿走向平民的市井。那么,志怪小说的"变体"最终被彻底"同化",宗教小说对志怪小说进行了某种意义上的"皈依"。志怪小说命名的演变,恰在某种程度上做了较好地诠释。

"近子而浅薄""近史而悠缪",从班固开始的笔记体小说兼跨子史二部,志人小说重于子,志怪小说则偏于史。相较于"子"的"重言""明理","史"更偏于"叙事"和"非有意而为之"的"虚构"。从子部到史部,无疑是古代小说向现代意义上小说的一种靠拢,也被看作是古代小说成熟的前奏。

第三节 传奇小说

一、"为人立传"与"补史之阙"

"小说亦如诗,至唐代而一变,虽尚不离于搜奇记逸,然叙述婉转,文辞华艳,与六朝之粗陈梗概者较,演进之迹甚明,而尤显者乃在是时则始有意为小说。"[①]志怪小说较之志人小说已有铺叙描写的痕迹,传奇小说较之志怪小说更是"叙述婉转,文辞华艳"。"变异之谈,盛于六朝,然多是传录舛讹,未必尽幻设语,至唐人乃作意好奇,假小说以寄笔端。"[②]鲁迅先生之言重在强调"传奇"较之"志怪"的文采,胡应麟的话则重在强调"传奇"中"作意好奇"的虚构,而"文采"与"虚构"恰好构成了两人所言"有意为小说"的两大重要特征。同时,除了艺术上的演变和发展,两人也都注意到了传奇"尚不离于搜奇记逸""变异之谈",即在题材内容上传奇小说对志怪小说的承袭。正如前文所言,一是志怪小说本就有怪异离奇的故事,如唐传奇早期的《古镜记》,"其文甚长,然仅缀古镜诸灵异事,犹有六朝志怪流风"[③]。即使到了中后期,唐传奇的成熟之作亦有取材于志怪小说者,如《枕中记》的主体故事源于《搜神记》的"焦湖庙宇玉枕",《南柯太守传》的部分情节源于《搜神记》

① 鲁迅:《中国小说史略》,春风文艺出版社 2020 年版,第 40 页。
② 胡应麟:《少室山房笔丛》,见鲁迅:《中国小说史略》,春风文艺出版社 2020 年版,第 40 页。
③ 鲁迅:《中国小说史略》,春风文艺出版社 2020 年版,第 40 页。

的“卢汾”，等等。二是当著录家注意到志怪小说叙事性特点的时候就已将其录于史部杂传类，如前文提到的大量以“传”命名的志怪小说，《神仙传》《列仙传》等，同时，同属史部杂传类的小说，虽不以“怪”为传，但“传”的形式则是一致的，内传、外传、别传、地域传、人物身份传等，《隋书·经籍志》记载得不亦乐乎，如《东方朔传》《汉武内传》《兖州先贤传》《徐州先贤传》《孝子传》《忠臣传》《列士传》《列女传》等。而且，较之同属小说类的“志怪”，史学与“传”体的渊源更为深远。

《春秋》作为中国第一部编年体的史书，不仅开创了记史的方法，而且确立了历史撰写的原则。[①] 那么，在后世史官文化盛行的中国，其地位则不言自明。《晏子春秋》中的“春秋”二字，意在表明其史书的性质；《吴越春秋》使用小说的笔法，记载吴越争霸的故事，小说命名为“春秋”，足见当时各个诸侯各自著史，形成“百越春秋”局面的影响。《左氏春秋》又名《左传》，据刘勰《文心雕龙》言：“传者，转者，转受经旨，以授于后，实圣文之羽翮，记籍之冠冕也。”“传”是解释经旨，《左传》是对《春秋》的解释。《春秋》“微言大义”，至《左传》则解释事情、铺陈叙事，其也成为史官文学的开山之作。[②] 至司马迁《史记》，十二本纪，三十世家，七十列传，又开辟了史官文学以记人为中心的先河，即史传文学。“传”的阐释对象，由事情变成了人物。至此，记事、传人成了史传文学的两条发展脉络。初唐修八史，而这些史书在借鉴前代正史修撰经验的基础上，也从小说中选取材料，受到了小说叙事的影响。它们同时又反过来以早已成熟的历史叙事滋养和丰富了小说叙事。官方的修史态度和修史方法为唐文言小说创作观念的革新和艺术技法的成熟提供了很好的借鉴。《穆天子传》是“传体”大规模成熟之前的大胆且成功的尝试，《任氏传》《南柯太守传》《莺莺传》《李娃传》《长恨歌传》《霍小玉传》等，则是史传文学在小说中的成功运用。这些小说在开篇的时候，也仿照史书列传的形式先交代人物的姓名、出身、年龄等基本情况，如《柳毅传》云：“仪凤中，有儒生柳毅。”《李章武传》云：“李章武，字飞，其先中山人，生而敏博，

① 参见刘云春：《历史叙事传统语境下的中国古典小说审美研究》，中国社会科学出版社2010年版。

② 参见刘云春：《历史叙事传统语境下的中国古典小说审美研究》，中国社会科学出版社2010年版。

遇事便了。工文学，皆得极至。"《霍小玉传》云："大历中，陇西李生名益，年二十，以进士擢弟。"《南柯太守传》云："东平淳于棼，吴楚游侠之士。嗜酒使气，不守细行。累巨产，并豪客。"《东城老父传》云："老父，姓贾名昌，长安宣阳里人。开元元年癸丑生。元和庚寅岁，九十八年矣。"正文所叙述的故事也是选取最能体现传主性格特征、命运遭际的事迹，如柳毅的见义勇为、豪侠之气，李娃的深明大义、贤惠精明，霍小玉的执着真诚、悲痛欲绝。在篇末也仿照史书论赞的形式，写有作者对事件和传主的评价，以说明作者的态度和立传原因，如《柳毅传》篇末"陇西李朝威叙而叹曰"。唐传奇正是史传文学"为人立传"[①]思想对小说命名影响的集中体现，据程国赋《唐五代小说的命名艺术》一文统计，唐传奇以"传"命名的有25种之多。此后，"传"的形式也成为小说创作的一种重要范式，"传"的体例成为文言小说的一个重要类别，"宋传奇""明传奇""清传奇"皆是如此[②]，即使是直接以人物姓名命名的小说，也只是去"传"之字，而留"传"之实。作为文言小说顶峰之作的《聊斋志异》诸篇的情形亦是如此，如《连城》云："乔生，晋宁人。少负才名，年二十余。"《董生》云："董生，字遐思，青州之西鄙人。"《聂小倩》云："宁采臣，浙人。性慷爽，廉隅自重。"《婴宁》云："王子服，莒之罗店人。早孤，绝惠，十四入泮。"而每篇的篇尾更是有规范的"异史氏曰"，表达作者的评论。可见，史传不仅渊源深厚，还影响深远。

同时，初唐修八史的官方壮举，为小说的叙事提供了样板，促进了传记类小说的繁荣，而且朝廷将修史纳入了官方的统治范畴，给予史书以高度的重视和地位，也极大地提高了史官在世人心目中的地位，《隋唐嘉话》《唐语林》均记载了贵为宰相的薛元超"谓所亲曰'吾不才，富贵过人，平生有三恨：始不以进士擢第，不娶五姓女，不得修国史'"。那么，退而求其次，如果不得亲修国史，文人就会选择私自著史以补正史之遗来慰藉心中之憾。"予自开元至长庆，撰《国史补》，虑史氏或阙则补之意，续《传记》而有不为。"[③]李肇在《唐国史补》的自序中道出了当时诸多文人的共同心声。卢肇在《逸史·

---

① "传"以《史记》开创的传记人物为主，兼有《左传》解释事情之意。

② 随着白话小说的兴起，"传"成为讲史中的一种命名方式。（见下文）

③ [唐]李肇：《唐国史补序》，见侯忠义编：《中国文言小说参考资料》，北京大学出版社1985年版，第239页。

自序》中云："其间神化交化，幽冥感通，前定升沉，先见祸福，皆摭其实补其缺而已。"①参寥子《阙史·序》亦云："约以年代为次，讨寻经史之暇。"②"补史之阙"之意昭然，小说命名的题中之意更是显而易见。这三部小说的内容也多是记载朝野逸事、文人趣事，而这些都是正统的官方史书所无暇涉及或根本就无意顾及的事情，这也正体现出这些小说的创作意图和小说命名的应有之意。唐文言小说题目中还多用"记""纪""录""志"之类的字，也体现出史官文化的影响。③ 据程国赋《唐五代小说的文化阐释》相关章节的统计，直接运用此四字的小说题目有40种之多。小说题名中有"传信""拾遗""遗文""遗事"者，亦皆是此类，"辄因步领之暇，搜求遗逸，传于必信，名曰《开天传信记》"④。更值得注意的是，私人著史还有纠正史之误的意图。"桐溪先生重校《桯史》，行于世，石泉子读之曰：秦桧矫杀武穆，复监国史，史氏殆失职矣。亦斋，武穆孙也，悲愤吁天间，著《桯史》以见志。公是公非，昭人文，予忠节，诛乱贼，明尊主攘夷之义。"⑤岳珂撰《桯史》方是此意也。从叙事方式、撰写体例、艺术手法的影响，到"为人立传""补史之阙"小说观念的形成和发展，史传观对"传奇"的影响可谓至深至重。"传奇"位于史部亦如"笔记"位于子部实至名归。

而且，这里需要注意和辨析的是，唐才子在为人立传、补史之阙的时候，从观念上来讲，他们追求的是"信史"，而不是"有意为小说"。白行简《李娃传》序云："贞元中，予与陇西公佐话妇人操烈之品格，因遂述汧国之事。公佐拊掌竦听，命予为传。乃握管濡翰，疏而存之。"⑥李公佐《谢小娥传》序云：

---

① [唐]卢肇：《逸史自序》，见程国赋：《隋唐五代小说研究资料》，上海古籍出版社2005年版，第218页。

② [唐]参寥子：《阙史序》，见程国赋：《隋唐五代小说研究资料》，上海古籍出版社2005年版，第251页。

③ 参见程国赋、廖华：《唐五代小说的命名艺术》，载《安徽大学学报（哲学社会科学版）》2012年第1期。

④ [唐]郑綮：《开天传信记序》，见侯忠义编：《中国文言小说参考资料》，北京大学出版社1985年版，第290页。

⑤ [明]潘旦：《书桯史后》，见侯忠义编：《中国文言小说参考资料》，北京大学出版社1985年版，第453页。

⑥ [唐]白行简：《李娃传》，见侯忠义编：《中国文言小说参考资料》，北京大学出版社1985年版，第214页。

"余备详前事，发明隐文，暗与冥会，符于人心。知善不录，非《春秋》之义也。"①包括上文所言以李肇为代表的"补史之阙"小说的作者，其初衷都是相似的。那么，这里的"信史追求"与前文所言"有意作小说"貌似矛盾，其实不然。前者是一种初衷与观念，后者更偏重的是艺术与手法。而且，唐朝官方修的正史也已是"信传互间"，那么"野史之作"的虚构则更是理所当然。

> "施之藻绘，扩其波澜，故所成就乃特异，其间虽抑或托讽喻以纾牢愁，谈祸福以寓惩劝，而大归则究在文采与意想，与昔之传鬼神明因果而外无他意者，甚异其趣矣。"②

"施之藻绘，扩其波澜"，一方面说的是文采，另一方面说的是虚构。而"抑或托讽喻以纾牢愁，谈祸福以寓惩劝"，可见，作者心中的"信史"给读者的感觉或许就是"有意小说"。"而大归则究在文采与意想，与昔之传鬼神明因果而外无他意者，甚异其趣矣"，小说从单纯的宗教宣讲、志怪记异到了强调真实、别有寄托，毕竟是向真正意义的小说迈进了一大步。

二、"纪体"与"传体"

"古文辞之有传也，记事也，此即史家之体也。"③在史官文化深刻影响"传奇小说"的题材内容、叙事方式、艺术手法的同时，史传观在"传奇小说"的命名上也有着明显的体现，如"传""志""录""记""纪"等。而且，这类词语在小说命名的过程中，又与小说的题材内容、叙事重点、艺术特征形成了各自的特点，这也与其源自不同的史传体例有关。"记"（"纪、录、志"）来源于纪事之编年体，强调记录事情的来龙去脉。以"记"（"纪、录、志"）命名的小说，描写和叙事都是以物品或事件为中心的，重点不在于人物形象的刻画，而在于记录物品的特征性质、事件的前因后果。如王度的《古镜记》，小说以家中藏有的古镜为主要描写对象，讲述以古镜为线索的数件事情，小说的主旨也是表现古镜降妖除害、预测吉凶的特性。再如更具代表性的白行简的《三梦记》，小说由三个关于"梦"的事件组成，根本没有人物形象的描

---

① ［唐］李公佐：《谢小娥传》，见侯忠义编：《中国文言小说参考资料》，北京大学出版社1985年版，第213页。

② 鲁迅：《中国小说史略》，春风文艺出版社2020年版，第40页。

③ ［唐］汪琬：《钝翁类稿》，见程毅中：《唐代小说史话》，文化艺术出版社1990年版，第10页。

写,没有情节故事的起承转合,“梦”的事件就是小说的中心,小说近似于工笔的资料汇编。与此相类的还有《离魂记》《枕中记》《秦梦记》等,它们都是记载一类或一件事物,并以此贯穿多件事情,重在对奇异事情的记录。“传”则来源于史传文学的传记体,以人物为中心进行叙事。在小说中的体现是注重刻画人物形象,表现人物性格,事件是为刻画人物服务的。如元稹的《莺莺传》,小说讲述的是崔莺莺与张生之间始乱终弃的爱情故事,在相识、相爱、相思,直至被弃的故事发展过程中,崔莺莺对美好爱情的渴望、执着以及后来痛彻心扉的失望、绝望都被表现得淋漓尽致,她大胆果敢、热情洋溢的性格,细腻真挚的爱情心理,都得到了充分地刻画和细致地描绘。小说中塑造的人物惟妙惟肖,感染了许多人,以此为原型的小说戏曲在后世不断地涌现,正是最好的说明。而同是白行简的《李娃传》,则更能说明“记”与“传”之间的区别和作家对待不同体裁有意区别的态度。小说讲述的是李娃与世家大族之子的故事,妓女李娃起于诱骗,而后对其产生怜悯和爱意,并最终助其功成名就。在此过程中,李娃爱憎分明、深明大义的形象得到了有力的刻画和塑造。小说整体篇幅较长、描写细致、描摹细腻。与之相类的还有《霍小玉传》《柳毅传》《冯燕传》《无双传》等,都是以人物为中心,以人物的行踪推进小说,强调人物形象的刻画,如霍小玉的情真意切、敢爱敢恨,李益的忘恩负义、罪有应得,柳毅的勇于担当、为人正直,龙女的知恩图报、痴情可爱,等等。以“传”命名的小说中对人物形象和性格的塑造,其栩栩如生的程度可与《史记》的名篇相提并论。同时,古人多视“怪”为实,故“记”中多志怪的成分;而“传”更多是受史传文学人物传记的影响,故“信实”性较强,多是记载现实人间之事,较少鬼怪妖狐之气。如《离魂记》《枕中记》《秦梦记》中,多有身体魂魄分离、现实梦境穿梭的情节,而《莺莺传》《李娃传》《霍小玉传》都是现实题材的精描细刻,其情节的转和、故事的逻辑不出现实社会。总之,“记”体多受《左传》记事传统的影响,“事”为核心;“传”体多承《史记》纪传笔法的传统,以“人”为中心,且后者是唐传奇小说精华的主体所在,也成为中国古代小说成熟独立的重要标志之一。

同样,在“记”(“纪、录、志”)类的命名中也展示出了各自的叙事模式和风格特点。而且,“传”与“记”的区别主要体现在传奇小说的范畴里,“记”类词语的区别则在笔记小说中体现得更为明显。如“记”与“志”,《庄子》首用“志怪”一词，此词是动宾结构，而《庄子》一书，多写想象诡异、幻化多端、多怪异的事情，“志怪”的意思就是记载怪异之事。那么，“志”在词源层面上，就已染上了“语怪”的意味。后世的小说家，大致也承袭了这一传统，在涉及灵异鬼怪之类故事的书中，亦多以“志”为标记，如《灵怪志》《独异志》《宣室志》《括异志》《集异志》《夷坚志》《虞初志》，更有直接命名《志怪》者。至明代，胡应麟在《少室山房笔丛》中，分小说六类，第一类就是“志怪”，与其他五类“传奇”“杂录”“丛谈”“辩订”“箴规”相比，可以看出胡氏的分类标准是题材。这样，“志怪”则有了题材之别的作用。鲁迅先生在《中国小说史略》也沿用这一意义，遂使“志怪”成为文言小说一大类别，而这也恰是“志”重于“语怪”的最好说明。“记”与“录”都是笔记小说命名常用的编撰方式，但“记”偏于一事一物（“笔记”独成一体，与单纯的“记”不是同一体），“录”多有整部类丛的倾向。如《龙城录》《漫游随录》《群碎录》《醉翁谈录》《东京梦华录》《秦淮画舫录》《清尊录》《南墅闲居录》等，这些小说或杂记一个地方的诸事，或汇总一类事物，都有汇编成刻的倾向。而文言笔记小说多是信手而扎、内容博杂之作，故其命名多用“录”字，也正好说明了其本身的特点。这些也都可以看作是传奇小说与笔记小说命名的区别与联系：一是传奇小说以“传”为主、以“记”为辅，笔记小说以“记”为主，以“传”为辅；二是传奇之“记”留有笔记志怪的特点，笔记志怪之“传”则有着传奇之“传”形式上的雏形。

“范文正公为《岳阳楼记》，用对语说时景，世以为奇。尹师鲁读之，曰：‘传奇体尔。’《传奇》，唐裴铏所著小说也。”[①]此是关于“传奇”较为著名的一段史料，更是正统文人对“传奇”的一种认识。尹师鲁是站在古文的角度，秉着古文章的准则样式，认为范仲淹名作《岳阳楼记》是非常文之传奇也。虽然是贬低的态度，但此话点名了“传奇”文体的特点是“用对语说时景”，即用奇偶字数相对的句式进行叙述。“此类文字……大率篇幅漫长，记叙委曲，时亦近于俳谐，故论者每訾其卑下，贬之曰‘传奇’，以别于韩柳辈之高文。”[②]

① ［宋］陈师道：《后山诗话》，见程毅中：《唐代小说史话》，文化艺术出版社 1990 年版，第 11 页。

② 鲁迅：《中国小说史略》，春风文艺出版社 2020 年版，第 40 页。

鲁迅先生对“传奇”的解释则更为充分，“篇幅漫长”“记叙委曲”“近于俳谐”，从篇幅体式、审美风格、语言风格等方面阐释了“传奇”的特点，而“贬之曰‘传奇’，以别于韩柳辈之高文”，则使“传奇”一词有了文体的指向性。这样，相对于记录简略、文辞质朴的笔记体，叙事繁复、辞藻丰茂的传奇体作为文言小说书写的另一种重要样式与体例得以确认。沈亚之(《枕中记》作者)“以华艳之笔，叙恍惚之情”；陈鸿(《长恨歌传》的作者)“辞意慷慨，长于吊古，追怀往事，如不胜情”；白行简(《李娃传》的作者)“本善文笔，李娃事又近情而耸听，故缠绵可观”；《南柯太守传》“其立意与《枕中记》同，而描摹更为尽致”①。从著文多篇的作者，到单篇传世的名作，传奇小说的重文采、重抒情的特质表现得殊为明显。“传奇”的“传”读之“zhuàn”可见史传文学之影响，主要体现在叙事模式、观念意图，读之“chuán”可见文章文学之影响，主要体现在艺术特征、文采风流。这样，传奇就在叙事、文采、艺术等文学方面和虚构、有意等观念方面达到了文言小说的巅峰，同时也向“真正的小说”迈进了一大步。

① 参见鲁迅：《中国小说史略》，春风文艺出版社 2020 年版，第 40 ~ 52 页。

第五章　白话小说

唐朝后期，出现俗讲与变文，二者的产生都与佛教有关。魏晋南北朝，特别是南朝，佛教兴盛，寺庙为了宣讲经义，特有说经、讲经一类的活动。为了让更多的人了解、接受近而皈依佛教，经文的内容不宜深奥，所以内容趋于世俗化。同时，讲解经文时，会有诵经文的“唱导”仪式，即吟诵经文。佛教本是由印度转入，音调为外域音调，为了方便传教和吟诵，音调也出现了本土化的转变，即为“转读”。这样，有说有唱，于是“俗讲”兴起。而随着宣讲的深入，从讲的内容到讲的形式都发生了重大的变异，量变最终导致了质变，“经讲”也最终完成了到“俗讲”的蜕变。而“转变”即为后世所言的“变文”。当时，“俗讲”与“变文”兴盛一时，据僧圆仁《入唐求法巡礼行记》的记载，唐武宗时的一次讲座，不但七座寺院同讲，而且还延续了十日之久。传世的作品有《长兴四年中兴殿应圣节讲经文》《金刚般若波罗蜜经讲经文》《佛说阿弥陀经讲经文》《破魔变文》《降魔变文》《大目乾连冥间救母变文》《八相变》《汉将王陵变》《舜子变》《伍子胥变文》《王昭君变文》等，这些作品的命名中有“讲经文”“变文”“变”等明显标志。就讲的内容而言，俗讲仍是纯正的佛经故事，变文则先是佛教故事，后是历史故事，即最初是佛经的俗讲，然后是佛教故事的俗化，最后是俗世故事的俗讲。这样，“俗讲”将“经讲”俗化，“变文”又将“俗讲”俗化，最后“变文”在俗化的过程中彻底“自我”俗化。综上，“俗讲”与“变文”脱胎于宗教，都经历了本土化与俗化，是俗化故事和说话技艺本身的重要源头。而且，后者的影响较为深远。

宋朝商品经济发展，市民文化崛起，市井文艺肇兴。对于广大的民众而言，文言未免太过高深，勾栏瓦肆、茶馆说书才是通俗文化的最初阵地。孟元老《东京梦华录》、吴自牧《梦粱录》、耐得翁《都城纪胜》、周密《武林旧事》等书，对于两宋市民文化、市井情况的繁荣有着详细而丰赡的记载。其中，四部书都提到了当时兴盛的"说话"技艺。口语是人们最容易接受的形式，且正如上文所言，"俗讲""变文"更为这种表达方式提供了必要的技艺支持。而市民文化，特别是说话技艺繁盛的一个表现就是分支的出现：

孟元老在《东京梦华录(五)》举其要目"曰小说、曰合生、曰说诨话、曰说三分、曰说《五代史》"；

吴自牧《梦梁录(二十)》所记四科"曰小说、曰谈经、曰讲史书、曰合生"；

耐得翁《都城纪胜》谓四家"曰小说、曰说经说参请、曰说史、曰合生"；

周密《武林旧事(六)》叙四科"曰演史、曰说经诨经、曰小说、曰说诨话"。

各家的记载虽略有差异，但综其分类，大致为小说、合生、说经说参请、说诨话、讲史书(说三分、说《五代史》)五种。四部书也对所载的各名目进行了简要的解释，暂且以吴自牧《梦粱录》的解释为例：

"小说"名"银字儿"，如烟粉灵怪传奇公案朴刀杆棒发迹变泰之事。……谈论古今，如水之流。

"谈经"者，谓演说佛书，"说参请"者，谓宾主参禅悟道等事……又有"说诨经"者。

"讲史书"者，谓讲说《通鉴》汉唐历代书史文传兴废战争之事。

"合生"，与起今随今相似，各占一事也。①

再结合流传下来的文本，"小说"应包括市井常情的故事、灵怪神鬼的故事、公案故事、英雄传奇故事，"说经说参请"应类似于之前的"俗讲""变文"的故事内容，"讲史书"则主要是讲王朝兴替的故事，"合生"类似于一种说唱的形式，"说诨话"则应该是讲笑话一类。可见，当时"说话"几乎囊括了市民热衷的所有题材。技艺纯熟、内容广阔，"说话"达一时之盛世。其中，前文所讲的"俗讲""变文"依然是重要题材，而且由前文推测，"说经"中的内容应该是更加俗化了。而"小说"也终于由"稗官""丛残小说"变成了"说话"

① 鲁迅：《中国小说史略》，春风文艺出版社2020年版，第66页。

中非常重要的一类，所包含的题材十分广阔，按照吴自牧的分类，“小说”似乎已经可以等同于“说话”本身，具有更大的意义范畴。而且，“说话”已经突破了其在文言小说中明理说道的范畴，开始追求精彩、曲折、引人入胜的效果。这样，白话小说在起源上就奠定了它民间化、通俗化、广泛性、娱乐性的文体特点。而白话小说后来的发展，也正是按照这样的特点进行的。

第一节 话本与拟话本

一、话本小说的命名

说话者，谓之说书人。说书人多为民间艺人，自无法与文言小说的作者——文人士大夫相比。为了表演讲说的顺畅，艺人们摸索出了自己的方式。“说话之事，虽在说话人各运匠心，随时生发，而仍有底本以作凭依，是为‘话本’。”[①]那么，话本最初就是说书人的底本。而“说话者，谓口说古今惊听之事”[②]，即说话的内容多以惊心动魄的故事为主。而且，说话的技艺多是口舌相传，故事往往会成俗套，因此说书人又多会在底本之上“添油加醋”“添枝增叶”，让它更加精彩，达到“惊听”的效果。之后，话本就在这样的日积月累中逐渐丰富和壮大。据留存的话本作品来看，话本小说的题材内容主要分为“小说”“说经”与“讲史”三类，其中小说类又有所细分，如小说爱情类《张生彩鸾灯传》《风月瑞仙亭》《柳耆卿诗酒玩江楼记》等，小说公案类《错斩崔宁》《碾玉观音》《三现身包龙图断冤》，小说灵怪类《西山一窟鬼》《定山三怪》《宋四公大闹禁魂张》等，说经类《大唐三藏取经诗话》，讲史类《武王伐纣平话》《三国志平话》《五代史平话》等。小说命名几乎就是小说内容最简要的概括，一方面能让听众（读者）一目了然，另一方面也与说书人的文化修养有关。而就话本的样貌和艺术成就而言，话本仅作为说书、讲书的底本，多为故事梗概，略有添加又限于作者的文化程度。如前文所言，说话是以口语技术为上，故精彩之处在说、讲之中，而远非文本，故话本的整体

① 鲁迅：《中国小说史略》，春风文艺出版社 2020 年版，第 67 页。
② 鲁迅：《中国小说史略》，春风文艺出版社 2020 年版，第 66 页。

艺术性较低，没有展现出太多的艺术追求和技巧。同时，说话虽繁盛一时，然而终为民间技艺，那么，底本的保存实属无关紧要，上列作品，或为后世钟爱话本者整理收集（如《错斩崔宁》《碾玉观音》被冯梦龙分别收于《醒世恒言》与《警世通言》中），或因后世有以此为底本的翻改名作（如《大唐三藏取经诗话》终被翻改为《西游记》，《三国志平话》终被翻改为《三国演义》），故作品留存较少。

在这里，值得注意的是在小说命名中，"话""平话""诗话"的出现。"话"固然指的就是话本，但也更进一步点出了话本体例的特殊性。话本主要由三部分构成：入话、正话、结尾。其中，最有特色的是入话，它位于小说的开端部分，在小说主体展开之前，或采用引诗的方式，或讲一段小故事，诗和故事与正话的内容有一定的相关性，且务求精彩，一是以此引入正话故事，二是吸引观众，三是博一个彩头，故又名"得胜头回"或"头回"。这也成为话本小说的一大创造，也是话本小说的显著标志。而"平话"之"平"，主要在于"平常语"。一是话本使用的是口语、通俗的语言，以区别于文言的史书（因为平话多集中在讲史类话本），且说书者在表演的过程中需要模拟小说人物的声口，因此需要用口语。二是强调话本的通俗性，即运用的是非韵语的散文体的语言形式，既使故事中穿插了诗词，也主要是用于念诵，而不是吟诵，以此拉近与读者（听众）的距离。同时，"平话"亦写作"评话"，则含有"评论"之意①，即说书者一方面为了让听众明晰故事情节和人物性格，另一方面也希望通过说书起到引导开化的作用，当然其中也有自我炫耀的意识，故多用"评论"之语。至于"诗话"一词，"非唐宋士夫所谓诗话，以其中有诗有话，故得此名"，可见所谓"诗话"乃是"话中插诗"，即在话本的叙述过程中，插入数量可观的诗歌，诗歌会起到对情节的补充和强调作用。同时，中国古代小说中还有"词话"的题名，其与"诗话"类似，词即韵文唱词，话仍为散文叙事，"诗话"与"词话"都是韵散结合的形式。后世章回小说虽也不乏文中引诗的情况，然二者实不相同，前者是文本本身即为韵散并存的形式，后者则是偶插诗词而已。总之，"诗话""词话"都是中国古代白话小说在萌芽期特有的文学样式，而后期小说中的首尾诗、赞诗等插诗现象，可以看作

① 参见谭帆：《中国古代小说文体文法术语考释》，上海古籍出版社2013年版。

是前期影响在文本上的留存。

这样，话本小说的意义更偏重于现象学：一是让白话与小说相结合，开始了白话小说；二是开创了“话”与“话本”的先河，后世的白话小说始终没有脱离“话”的语言特征，也没有彻底放弃“话本”的体例模式；三是“平话”“诗话”的出现，既丰富了小说的命名形式，也创新了小说的文本形态。所以，虽然话本存本较少，但多方面的开创预示了未来的丰赡。

二、拟话本小说的命名——娱乐观

宋元话本兴盛一时，至明代则再入高潮。宋话本以短篇为主，文本较为简陋，留存较少；元话本以讲史、说经为代表，篇幅较大，文本质量有所提升，然创作（留存）不多；延至明代，终成高潮之态。在宋元说书艺人奠定话本雏形之后，明代文人终于对话本开始了有意地整理和创作，如洪梗编的《清平山堂话本》、熊龙峰刊行的《熊龙峰四种小说》。话本本为说书底本，记事之梗概，添加情节、缀连故事、旁引诗词，为了吸引读者（观众），早期话本的作者无所不用其极，然终因自身水平有限，且商业目的过于纯粹，终使话本历史现象方面的影响大于其文学造诣方面的影响。明代书坊主一开始也是出于赢利的目的而收集宋元话本，因此，其数量有限，且质量大多乏善。正如前文所言（第二章“书坊主的影响”），明代书坊主喜欢亲自操刀。面对话本小说资源短缺的现象，书坊主们开始“自我创作”。这样，宋元话本是先有讲书，而后作为底本得以留存，而明代话本，则是直接模仿前代话本的样式，先进行文本的创作，然后再走入传播领域，或是被说书人采用而进行说讲，或是作为纯粹的案头读物。由于创作起源和方式的不同，明代由文人创作的话本作品被称为“拟话本”，即模拟话本的体例而创作的文人话本。而且，据各类史书记载，明朝市井说书远不及宋元繁荣，但有意创作的拟话本质量远高于前代作品，因此，拟话本一方面成了白话短篇小说的主流，另一方面也使“场上之剧的话本”逐渐变成了案头读物。同时，明代的书坊主中出现了以冯梦龙、凌濛初为代表的佼佼者，他们不仅具备书坊主敏锐的商业眼光，更具备文人的素质，特别是冯梦龙凭借自己的高超见识、文学素养几乎成为杰出的小说理论家与作家。珠玉在前，清代的话本小说创作几乎延续了明代的方式，故明清两代的白话短篇小说都是以拟话本小说的创作为主。

“以意度之，则俗文之兴，当由二端，一为娱心，一为劝善。”[①]在书坊主或文人找到了创作方式之后，创作动机和目的就成了创作的动力。娱乐是人心的本源，也能迎合读者，从而打开市场而谋利；教化是知识阶层的固有观念，也是提升小说品位的良机。前者侧重于书坊主与读者的“刊刻—流通”一环，后者侧重于小说创造与文本提升方面，两种观念共同促成了白话短篇小说在数量和质量两个方面的迅速发展和成熟。

唐代中叶以后，特别是到了宋代，商品经济有了长足的发展，“商品经济在带给人们丰富的物质享受时，也唤起了人们精神消费的欲望。重要的是，精神消费的群体不再局限于社会上层，普通民众在成为市井文化的消费主体后，促使文学艺术发生了根本的变化”[②]。“燃巨烛翻阅，达旦不寐”[③]，“盖灯已灭而复举”[④]，夜间举灯畅读小说，《剪灯新话》《剪灯余话》等“剪灯系列”小说皆属此类。小说命名已揭示其以供茶余饭后、消闲时间的作用。而现存最早的话本小说集《清平山堂话本》由 6 个部分构成，分别命名为《雨窗集》《长灯集》《随航集》《欹枕集》《解闲集》《醒梦集》。白话小说所面向的对象是广泛的市民阶层，其命名的用意则揭示了此类小说是为羁旅行役之人、居家消遣之人、无聊解闷之人消遣休闲之用，市民、商旅、夫妻都在预设读者的范围之内。这样，娱乐消闲成为话本小说从创作观念到创作实践都竭力体现的宗旨。承上文所言，文言小说中的“谐谑类”亦是此种心态的反映，而此一时期也恰好是“谐谑类”小说长足发展的时期。相比而言，文言小说的作者与读者群都集中于文人士大夫，而白话小说所涵盖的群体更为广阔，且集中于广大的市民阶层。同时，伴随着白话小说的兴起，两者逐渐相互交融，文言小说的娱乐功能愈加强化，其所面向的群体也愈加广泛，两者在娱乐功能的感召下，审美趣味逐渐走向合流。“忽啼忽笑，发深省处，胜海上人医药仙方；曰是曰非，当下凛然，似竹林里说法说偈。假使鼾呼宰我，正

① 鲁迅：《中国小说史略》，春风文艺出版社 2020 年版，第 65 页。

② 刘勇强：《中国古代小说史叙论》，北京大学出版社 2007 年版，第 27 页。

③ ［明］曾棨：《剪灯余话序》，见朱一玄编：《明清小说资料选编》（上、下），南开大学出版社 2006 年版，第 963 页。

④ ［明］邵景詹：《觅灯因话小引》，见朱一玄编：《明清小说资料选编》（上、下），南开大学出版社 2006 年版，第 969 页。

当谑浪，那思饭后伸腰；便是不笑阎罗，偶凑机缘，也向人前抚掌。迟迟昼永，真可下泉酝三升；习习风生，直得消雨茶一盏。谓余不信，请展斯编。”①《豆棚闲话叙》可以看作是文言与白话“消闲”类小说的共同宣言。

“今之人但知耳目之外，牛鬼蛇神之为奇，而不知耳目之内，日用起居，其为谲诡幻怪，非可以常理测者固多也。”②凌濛初对“奇”的强调，既是娱乐观中“以其为乐”的体现，又是对传统志怪小说“搜奇猎异”的继承和转变，也是对当时风行的神魔小说的纠正。志怪小说的“猎奇心态”被话本小说和神魔小说共同继承，其中，志怪小说以“异”为奇，神魔小说以“幻”为奇，前者以讲述灵异仙怪、鬼神莫测、狐妖动物的故事为主，后者以讲述光怪陆离、三界变幻、神仙妖魔的故事为宗，而凌濛初则以突破这种文学风格范式的姿态出现，强调“奇”与“真”的结合，书写现实生活中的奇人奇事奇情。这样，既能给读者带来新的审美体验，同时也符合小说的内容题材由历史伟人、英雄奇人、妖魔鬼怪向日常平民转变的整体发展趋势，故凌濛初提出辩证的以“常”为“奇”，强调真实生活、平常起居中的“谲诡幻怪”，不啻是白话短篇小说观念的一次提升。“二拍”中都是以市井细民日常起居为主，讲述黎民百姓曲折离奇、动人心魄的故事，没有神异鬼怪的参与，也没有出入三界的构想，小说的创作实践很好地体现了凌氏自己的主张。而且，这种具有创新意义的“二拍”之“奇”深刻地影响了后世话本小说的创作，形成一种新的典范，其“奇”与“真”的小说理念也集中地体现在话本小说的命名中，如《今古奇观》《尘世奇谈》《今古奇闻》《今古传奇》《二刻拍案惊奇（别本）》《警世奇观》《幻缘奇遇小说》《海内奇谈》《二奇合传》《续今古奇观》等。据程国赋《三言二拍传播研究》统计，命名中含“奇”字的话本占话本总量的64.3%，可谓蔚为壮观。而且，“书之所贵者奇也。《易》备六经之体，而韩昌黎以‘奇’括之。至子史百家，隶骚坛，列艺苑者，靡不争胜于奇。下逮稗官野史，统目之

---

① ［清］天空啸鹤：《豆棚闲话叙》，见朱一玄编：《明清小说资料选编》（上、下），南开大学出版社2006年版，第947页。

② ［明］即空观主人：《拍案惊奇序》，见朱一玄编：《明清小说资料选编》（上、下），南开大学出版社2006年版，第906页。

为传奇。盖奇则传,不奇则不传"[①],这里将"奇"提升到了很高的地位,与小说的传播相联系,即把"奇"作为小说能够流通、畅销,甚至流传的标准。这样,"奇"既是作者娱乐好奇文化取向的体现,也是文人或书坊主吸引读者的醒目招牌,更是小说品质的一个标志。那么,此处之"奇"与奇书之"奇"也有了一定的相通之处。

同时,纵观文言小说与白话小说的创作与流传,"盖人莫不有好奇之性,他种奇异之事,其奇异皆为限界的,惟神怪则为超绝的,而餍人好奇之性,则超绝的恒胜于限界的故也"[②]。成之《小说丛话》的这段话,一方面说出了"奇"与"异"兴盛的共同原因——"人莫不有好奇之性",另一方面也说出了"奇"的两个组成部分:生活之不奇而奇与异想的怪异之奇。而好奇尚异的心理导致了小说命名中两种类型的出现——"猎奇"与"搜异",二者并存且相互渗透,两者在不同题材和文体的小说中各有侧重,话本之奇重在前者,志怪之奇偏于后者,即白话重"奇",而文言重"异"。

三、拟话本小说的命名——教化观

"随着小说的进一步发展,小说的道德教化功能也日益突出。"[③]而且,随着宗教教化观的世俗化(如"变文"),宗教、儒学的教化形成混合的趋势,越来越面向普通人的日常生活,最终走向了世俗的道德层面。同时,中国传统文人一直以"文以载道"为己任,在士大夫著书之时,教化劝惩早已成为他们着意表达的所在,道德规诫也就自然成了小说创作和命名的常见观念。"如果说在原初形态的小说中,道德的教育意义还是通过题材直接流露出来的,唐宋以后的小说家则开始将其作为小说的基本思想价值,在小说的功能上不断加以强化,并最终形成了中国古代小说的一个重要特点。不过,小说作为道德教化的手段,与一般的道德教化有所不同,实际上,通过道德问题的思考,小说的世俗精神也有所加强,而这对小说的正面意义是不可估量

① [清]卢联珠:《第一快活奇书序》,见丁锡根:《中国历代小说序跋集》,人民文学出版社1996年版,第1582页。

② 吕思勉:《吕思勉全集11·论学丛稿》,上海古籍出版社2016年版,第37页。

③ 刘勇强:《中国古代小说史叙论》,北京大学出版社2007年版,第27页。

的。”[①]即教化观在小说的诞生之初就已存在，随着小说的发展，教化也从观念层面进一步转移到了功能的层面，这种转变对小说本身的正面提升有着不可估量的积极作用。而且，就小说的具体情况而言，教化的对象由文人群体向市民阶层转移，故教化观在与市民接触密切的话本小说中实为常见。且话本多是以小说集的方式存在，故“劝惩教化”成为话本小说集的又一主要命名观念，小说集的命名也体现着这样的价值取向。

小说题目多有“喻世”“醒世”“警示”之语，且“以甲是乙非为喜怒，以前因后果为劝惩，以道听途说为学问，而通俗演义一种，遂足以佐经书史传之穷”[②]，《喻世明言》《警世通言》《醒世恒言》所载故事就多蕴含着一定的道德理念。《蒋兴哥重会珍珠衫》中，陈大郎淫人妻子，不仅自己客死他乡，而且妻子也嫁给所淫女子的丈夫，王三巧也由妻而降为妾；《施润泽滩阙遇友》中，小说对施润泽拾金不昧的优秀品格进行着力的刻画，中心就是通过初拾金的兴奋情绪和微妙心理的描写来赞扬高尚的人格情操；《李公子救蛇获称心》中，李元因好心救一蛇，而进龙宫、得佳偶，文末诗更是直言“恻隐仁慈行善事，自然天降福星临”；《简帖僧巧骗皇甫妻》中，简帖僧偷盗在先，又骗人妻子，更意图害人性命，幸被被害人察觉，而其终被重杖处死。这样，本着“以《明言》《通言》《恒言》为六经国史之辅”[③]的创作精神，来达到“天不自醉人醉之，则天不自醒人醒之。以醒天之权与人，而以醒人之权与言”[④]的目的。小说劝善惩恶、褒扬道义、匡救世道人心的意图在故事内容和命名上都得到了淋漓尽致的体现。正如前文所言，冯梦龙在白话小说领域有着强大的号召力和示范性的作用，“三言”所展示出来的以教化为旨的小说功能和观念，伴随着小说本身的畅销而风靡。随之而起的以此种观念为宗旨的话本小说的创作浪潮也越来越汹涌，而且在小说命名上的体现也越来越显豁。《型世言》的题目言之“为世立型”，小说集共40篇故事，单篇题目采用对偶

① 刘勇强：《中国古代小说史叙论》，北京大学出版社2007年版，第27页。

② ［明］无碍居士：《警世通言叙》，见朱一玄编：《明清小说资料选编》（上、下），南开大学出版社2006年版，第901页。

③ ［明］可一居士：《醒世恒言序》，见朱一玄编：《明清小说资料选编》（上、下），南开大学出版社2006年版，第902页。

④ ［明］可一居士：《醒世恒言序》，见朱一玄编：《明清小说资料选编》（上、下），南开大学出版社2006年版，第902页。

的形式，共 80 条，每个对偶句都有着明显的说教意味，如“千金不易父仇 一死曲伸国法”“灵台山老仆守义 合溪县败子回头”“贪花郎累及慈亲 利财奴祸贻至戚”“妙智淫色杀身 徐行贪财受报”，也有直接标目“贞女”“烈妇”“孝子”“忠臣”等强调封建礼教的词汇，如“烈士不背君 贞女不辱父”“烈妇忍死殉夫”“淫妇背夫遭诛”等，甚至有的题目对道德礼教的强调都已经达到了泯灭人性的地步。而《醒风流》《警悟钟》《醒梦骈言》等小说，其题目中的醒世意味更是一目了然。

随着文人士大夫逐渐成为话本小说的撰写主体，小说命名也开始了修辞化。具体而言，作者们多喜欢用典和比喻的手法，虽然方法与方式变得典雅化，但教化的意图始终如一，且有越演越烈的趋势。“石点头者，生公在虎丘说法故事也。小说家推因及果，劝人作善，开清净方便法门，能使顽夫伥子，积迷顿悟，此与高僧悟石何异。”①小说命名为《石点头》，典故出于佛教典籍，教化劝惩之意明显。《鸳鸯针序》云“世人黑海狂澜，滔天障日”“痛下顶门毒棒”“针针见血”②，将自己所做小说比喻为“顶门毒棒”，且小说的作者又自号“独醒道人”，此名源于屈原的“天下皆罪，唯我独醒”之意，“醒世”而唤醒教化众人的用途与动机，从作者自号的寓意注入小说的命名之中。《清夜钟自序》言：“余偶有撰著，盖借谐谭说法，将以鸣忠孝之铎，唤省奸回；振贤哲之铃，惊回顽薄。名之曰《清夜钟》，著觉人意也。”③欲令阅其小说者有警钟长鸣的感觉。《醉醒石》书名用“李赞皇之平泉庄，有醉醒石焉，醉甚而倚其上，其醉态立失”的典故，“演说果报，决断是非，挽几希之仁心，断无聊之妄念；场前巷底，妇孺皆知，不较九流为有益乎”④题目开宗明义就要让人产生幡然悔悟之意。《照世杯》典出“撒马儿罕在西边，其国有照世杯，光明洞达，照之可知世事”，“光明洞达”的追求是小说创作的目的。《五色石》

---

① ［明］冯梦龙：《石点头叙》，见朱一玄编：《明清小说资料选编》（上、下），南开大学出版社 2006 年版，第 918 页。

② ［清］独醒道人：《鸳鸯针序》，见朱一玄编：《明清小说资料选编》（上、下），南开大学出版社 2006 年版，第 926 页。

③ ［明］薇园主人：《清夜钟自序》，见丁锡根：《中国历代小说序跋集》，人民文学出版社 1996 年版，第 809 页。

④ ［清］缪荃孙：《醉醒石序》，见朱一玄编：《明清小说资料选编》（上、下），南开大学出版社 2006 年版，第 919 页。

"何为而作也？学女娲氏之补天而作也……吾今日以文代石而欲补之，亦未知其能补焉否也"[①]。又《八洞天》亦为同一作者所作，"补天"之题旨昭然。《雨花香》《生绡剪》《跻春台》等小说的题目也是承续了浓厚的教化观念[②]。

话本小说的教化观念，兴起于以冯梦龙、凌濛初为代表的文人短篇话本集创作的明代中后期。而明代中后期也是王阳明心学盛行、商品经济繁荣、人性和人欲萌发且大行其道的时期，而且，冯梦龙是深入其道且起到推波助澜作用的代表人物，故冯氏的小说虽寄予教化，但小说之中不乏张扬人性和个性的精彩故事和细腻传神的叙述。明末清初，社会动荡、政权鼎革，一时间民族、阶级、思想等多方面的矛盾层出不穷、复杂交织，如火山一样轰然爆发，心学也沦落到被批判唾弃的地步，话本小说的教化功能也随之被极端化，这一趋势也一直延续到内忧外患更为严重的清朝中后期，直到末流的"劝诫连篇"彻底丧失了话本本身的特性。教化观的单方面强化与社会混乱、政治动荡的历史环境分不开，一方面文人希望通过小说来挽救世道人心，而就他们所接受的教育和所处的整体环境而言，他们当时所能利用的武器和理论也就是传统的封建伦理道德，但由于心情的迫切性造成了愿望表达时的极端化，另一方面文人的关注点在于社会政治，当然也就无暇顾及小说的艺术方面。所以，这些因素一方面使得教化观在明清话本小说的命名中成为主流，另一方面也造成了话本小说艺术的江河日下、思想的陈腐枯燥，满篇充斥着"烈士""忠臣""贞女""孝子"，用连篇累牍的说教取代了艺术的探索和思想的提升，导致了话本小说最终的没落。[③]

娱乐与教化同属"功能作用型"的作家观念，"是编主于劝诫，故每回之中，三致意焉。观者自得之，不能一一标出"，同时，"姑以游戏为快意耳。同侪过从者索阅，一篇竟，必拍案曰：奇哉所闻乎！""然意存劝诫，不为风雅罪

---

① ［清］笔炼阁主人：《五色石序》，见朱一玄编：《明清小说资料选编》（上、下），南开大学出版社 2006 年版，第 940 页。

② ［清］石成金《雨花香自叙》云："昔云光禅师于江宁城南……讲经说法……听讲而善愈进于善；虽有不善，亦悔改而从善……缘此而感召上天雨花异香远袭，后名其地为雨花台……种种事说……醒人之迷误，复人之天良，与云师之讲义微同。"［清］谷口生《生绡剪弁语》云："兹剪之者将以为衣，将习服勿忍遗。且剪有声韵，尤琐琐可听。比之坐屋梁，打细腰鼓，不既多乎善乎？"《跻春台》典出于《老子》"众人熙熙，如享太牢，如登春台"。

③ 参见欧阳代发：《话本小说史》，武汉出版社 1994 年版。

人,后先一指也”①。署名“即空观主人”的三段“二拍”读后感似乎正道出了其中的奥秘,也点出了作者意图二者兼顾的心理。小说命名对此也多有体现,如《警世奇观》《醒世奇言》《娱目醒心编》。而“既可娱目,即以醒心。而因果报应之理,隐寓于惊魂眩魄之内。俾阅者渐入于圣贤之域而不自知。于人心风俗,不无有补焉”②,署名“自怡轩主人”的话更是此类小说作者的夫子自道。话本小说兴起于猎奇娱乐功能,伴随着文人士大夫成为编撰者,娱乐的功能开始衰退。而在特殊历史时期的背景下,娱乐功能逐渐消失殆尽,话本小说也因存在的本源的消失而销声匿迹。纵观话本小说集题目的演变,也体现出了这种趋势。《清平山堂话本》6 个部分的命名,体现的都是娱乐观念。明末清初时期的话本以欧阳代发《话本小说史》中列为单篇论述的为例,共 36 种,小说命名中明显含有教化意味的 17 种,占 50% 左右,而体现娱乐情趣的仅 7 种,不足 20% 。而到了清中期,可列单篇论述的小说集仅 6 部,除去具有双重取向的《娱目醒心编》,剩下 5 种,命名中体现教化意向的 3 种、娱乐意味的 1 种,而在这仅有的体现娱乐观的《通天乐》里,小说亦云其“创作目的,简直是要‘存天理去人欲了’”③。到清中后期,统治危机日益加深,内忧外患交织不断,小说的娱乐功能终被教化功能所取代,并进一步与政治变革、社会革新相联系。正如硬币的两面,当一面被同化、弱化,甚至消化殆尽,则另一面也就没有了存在的价值,最终硬币也会消失。

第二节　章回小说(上)——演义与传奇

一、演义小说与传奇小说的兴起

白话小说脱胎于宋代“说话四家”——小说、说经、讲史、合生(声),其

---

① [明]即空观主人:《拍案惊奇凡例》《二刻拍案惊奇小引》,见朱一玄编:《明清小说资料选编》(上、下),南开大学出版社 2006 年版,第 907 ~ 908 页。

② [清]自怡轩主人:《娱目醒心编序》,见丁锡根:《中国历代小说序跋集》,人民文学出版社 1996 年版,第 827 页。

③ 欧阳代发:《话本小说史》,武汉出版社 1994 年版,第 470 页。

中，合生是指一种说唱结合、应题吟咏的形式，以演出者的敏捷见长①，以叙事见长的，则为前三类。小说包括烟粉、公案、传奇、灵怪等故事；说经，即演说佛家故事；讲史，则是讲历史兴亡之事。相对而言，小说囊括的故事种类最多，说经与讲史的题材内容则相对固定。再经宋元的发展，小说一类多有作品传世，题材内容仍是杂糅的状态，但以俗世凡人作为小说主人公的情况则是一致的。而说经与讲史则率先有了大部头的作品问世，即前文所言《大唐三藏取经诗话》与讲史"平话"一类，这或许与其内容相对固定有关。而且，元朝是少数民族建立的政权，在此期间民族意识、正统意识、历史意识崛起，因此讲史便异军突起，有《五代史平话》和《宣和遗事》，更有建安虞氏刊印的《全相平话五种》，即《武王伐纣平话》《七国春秋平话》《秦并六国平话》《前汉书平话续集》《三国志平话》，可见当时讲史类之兴盛。而讲史故事大多时间跨度长、事件冗杂、人物繁多，故篇幅较之其他题材更为漫长。同时，时间的"顺序性"又为叙事的"顺畅性"和书写的"流畅性"提供了必要的支持和保障。章回体小说中历史演义一类率先成熟，则与此时的积累密不可分——大量的人物与故事为章回体小说提供了充足的内容，时间的起末与事件的始末也为段落、章回的分割提供了便利的条件。

讲史固然以说兴废为宗旨，但其中历史人物的单篇故事却是精彩之笔。"赵子龙单骑救主""张翼德大闹长坂坡""美髯公过五关斩六将""诸葛亮舌战群儒"等，早在"讲史""演义"成熟之前，这些故事就以历史人物、英雄故事的形式流传。而这些故事的流传，一方面促成了历史演义小说的率先成熟，另一方面也说明了人们对此类题材的喜爱。听讲史、看演义，品兴衰更迭是人们对历史的感慨和思考，英雄人物则表现了人们对历史的喜爱和赞叹。同时，小说一类中早已有讲述江湖人物快意恩仇的杆棒朴刀类故事。这样，"讲史"与"演义"提供人物形象与塑造写法，"小说"提供叙事方式（虚构）与观念价值（情义），最终使英雄传奇继历史演义之后横空出世。这里需要注意的是，"小说类"所包含的"传奇"远非英雄之传奇。如前文所言，"传奇"最早是裴铏命名的小说集，观此小说集多是才子佳人的爱情故事。后来

① ［宋］洪迈《夷坚志》载：江浙间，路歧伶女，慧黠知文墨，能于席上指物题咏，应命辄成者，谓之合生。

成为“传奇体”的“传奇”更偏重指小说的书写方式，且在内容上仍以爱情故事为主。与“小说”同一时期，亦有“宋传奇”的存在，其含义仍是以“传奇笔法”写爱情故事。甚至到了明代，胡应麟对小说分类时，《传奇》目下仍是《飞燕》《崔莺》等，虽是针对文言小说而言，但内容题材仍是爱情一类。故此，“小说”中的“传奇”也仍应是爱情，而与英雄无关。也许，爱情感情的动人心魄、感天动地与英雄精神的惊天动地、荡气回肠和爱情行为的离经叛道与英雄行为的以武犯禁，都有共通的传奇之处，这也是二者共同被名之为“传奇”的仅有的联系。

二、演义小说与传奇小说的命名

历史演义、讲史平话承史传的观念而来，是继《史记》等史书、文言小说“为人立传”与“补史之阙”之后，历史观念在小说领域的又一次大放异彩。“讲史书者，谓讲说《通鉴》汉唐历代书史文传兴废争战之事。”①宋“说话四家”，讲史为一大宗。元朝时，更是将讲史赋以专有的名称“平话”（前文已论及，兹不赘述）。而“演义者，本有其事，而添设敷衍，非无中生有者比也”②。综其所言，“添设敷衍”是二者共同的手法，“本有其事”更揭示了二者繁荣共同的基础。与单纯的猎奇搜异（《搜神记》）相比，“本有其事”更能刺激人们的好奇心。“非无中生有者比也”，可见不仅民间艺人以此为荣，连正统文人也对此大加赞赏。嘉靖初年《三国演义》刊刻本问世，一时风靡天下，不仅原书反复刊刻，而且学步者频频，“自罗贯中氏《三国志》一书，以国史演为通俗演义，汪洋百余回，为世所尚，嗣是效颦者日众，因而有《夏书》《商书》《列国》《两汉》《唐书》《残唐》《南北宋》诸刻”③，在可观道人所言及的小说中，直接命名为“演义”者有《东西汉演义》《东西两晋演义》《隋唐演义》《残唐演义》《二十四史通俗演义》《樵史通俗演义》等，形成了声势浩大的“演义体”。

与嘉靖本《三国演义》几乎同时，《水浒传》也被刊刻，其亦如《三国演

① 肖振鸣编：《鲁迅评点中外名著》，福建教育出版社2006年版，第6页。

② ［清］刘廷玑：《在园杂志》，见朱一玄编《〈三国演义〉资料汇编》，南开大学出版社2003年版，第425页。

③ ［明］可观道人：《新列国志叙》，见丁锡根：《中国历代小说序跋集》，人民文学出版社1996年版，第864页。

义》，在艺术和思想方面为后世的小说树立了典范，成为英雄传奇小说的模仿对象。其命名的“传”字，也明显受到了史传文学的影响，小说的精华部分也正是前七十回单个英雄好汉的“英雄传记”，这一点在金圣叹对《水浒》的“腰斩”中也已得到了充分的佐证。后世具有英雄传奇意味的小说，亦多用“传”字加以命名，如《平虏传》《武穆精忠传》《五虎平南后传》《五虎平西前传》，小说的内容都是以凸显某一个英雄的文治武功为主，小说的主题也不是对历史发展脉络的演义和历史经验教训的总结，它关注的焦点是某个英雄人物的荣辱生死，抒发的是个人情感上的爱憎。这也就形成了历史小说命名的又一种主要形式“传体”[①]。而“其书名标出‘××志传’，这无疑表明它们与纪传体正史的关系甚为密切。纪传体正史即设有记录典章制度之‘志’和叙述历史人物事迹之‘传’，故而将‘志’‘传’连用，借以指称纪传体史书，亦是题中应有之义”[②]。如《有夏志传》《有商志传》《列国志传》《全汉志传》《南宋志传》等，小说的内容与主旨则在“演义”体与“传”体之间。同时，在具体的命名过程中，更不乏混合的现象，如《唐书志传通俗演义》《残唐五代史演义传》等。自《三国演义》《水浒传》以来，历史演义与英雄传奇小说终章回小说之始末，然多徒欲效其名，“大抵效《三国志演义》而不及，虽其上着，亦复拘牵史实，袭用陈言，故既拙于措辞，又颇惮于叙事”[③]，效《水浒》者则大多“文意并拙”[④]。效仿书中的佳作《隋唐演义》，亦是“浮艳在肤，沉着不足，罗氏轨范，殆已荡然，且好嘲戏，而精神反萧索矣”[⑤]。佳作尚且如此，则等而下之者，或通病亦然，或更乏善可陈。

“演义”“讲史”多以通史见长，而受其影响通史之外的片段历史、焦点人物的“史性”故事叙述也成为一时风潮。《孙庞斗智》《汉李广世号飞将军》《刘阮遇仙记》《五虎将扫平海氛记》等小说题目就是小说内容的最好说明，这也构成了史类故事的又一种命名方式。此类小说的内容也的确还有正史观念的存在，而另一类小说则只是借用了“史”的名号，小说的命名以“历史

① 与文言小说的“为人立传”有流变之源。

② 纪德君：《中国古代小说文体生成及其他》，商务印书馆 2012 年版，第 19 页。

③ 鲁迅：《中国小说史略》，春风文艺出版社 2020 年版，第 94 页。

④ 鲁迅：《中国小说史略》，春风文艺出版社 2020 年版，第 94 页。

⑤ 鲁迅：《中国小说史略》，春风文艺出版社 2020 年版，第 83 页。

人物+修饰+史”的形式呈现，如《隋炀帝艳史》《武则天外史》等，常见的“秘史”“艳史”“外史”“情史”“快史”皆是此类。而且，此种命名方式，不局限于历史题材，其他类型题材的小说对此命名方式也多有涉猎，如《儒林外史》《燕山外史》《绣榻野史》《钟情艳史》《浓情秘史》等。而且，“史”字的出现又使它们都强调自身与正史的关系，如明朝齐东野人在《隋炀帝艳史凡例》云：“今《艳史》一书，虽云小说，然引用故实，悉遵正史，并不巧借一事，妄设一语，以滋世人之惑，故有源有委，可征可据，不独脍炙一时，允足传信千古。”虽然作者在这里强调其小说“据正史”性的特点，但此书大写隋炀帝宫闱艳情，完全是世俗思想、市井乐趣的体现，内容几乎都是迎合低俗乐趣的拼凑，那么，小说命名“艳”字则成了对其小说最好的注解。这样，“野”“艳”“情”“外”等修饰语似乎就是作家创作取向的一种表达，即脱离正史，而着意于自己亲身感受和关注的历史，形成个人书写的历史，即历史书写的个人化倾向。清朝陈球在《燕山外史旧例》云：“史体从无以四六成文，自我作古，极知僭妄，无所逃罪。”小说名曰“外史”，主要是叙述了一个复仇的故事，而特色在于此书使用的是四六骈文的形式写成，那么，陈球主要是从语言形式方面书写自己标新立异的历史。清朝闲斋老人在《儒林外史序》说：“夫曰‘外史’，原不自居正史之列也；曰‘儒林’，迥异元虚荒渺之谈也。”书中的故事和人物，或是已进入儒林众生的丑形丑态，或是决意仕途之人的放浪形骸，都是非正直、非传统的士大夫。而且，闲斋老人在其所写的《儒林外史序》中，进一步联系了作者的人生经历，指出了吴敬梓与正统文化之间存在的间离状态，指出了吴氏相对于正史、正统文化所保持的疏离身份和心态。那么，“外史”的小说命名不仅很好地概括了小说的主要内容和宗旨，而且也反映出了作者本人特殊的遭际和独特的人生感悟。“史”不再是简单的“正野之分”，而是成了一种叙述方式、一种叙事的体例、一种叙事的心态。

三、“传体”与“演义体”

而同为“讲史故事”成熟时期小说命名形式的“传”“志传”“演义”在强调自身与“史”的关系的同时，也形成了自身不同的侧重。这些侧重既体现了小说内容题材的差异，也说明了小说艺术的变迁。“传”偏重于英雄传奇，着重讲述的是单个或多个历史人物的故事，偏重于表达的是人感情层面的爱憎，且由于小说的通俗性，小说主旨的市井色彩更为强烈，带有一定的“戏说”成分。如《水浒传》，一百单八将各有各的性情、各有各的绝技，性情绝不雷同，绝技都可独步天下，主要好汉多是出身于市井，多是由于性格上的爱憎分明、疾恶如仇而落草为寇，而这些正是市民所喜闻乐见的，读者也会对其中的人物投入浓厚的兴趣和感情。“传”体小说又多是书写民族、阶级多重矛盾交织下的历史人物，如岳飞、狄龙、杨家将等。而“志传”类历史小说叙述的多是通史性的故事，近于“通史演义”，故其表现的情感色彩和主旨思想也与“演义”体相仿。两者都着意于对历史经验教训、政治得失沉浮的叙述和表达，小说中虽也体现着作者的爱憎好恶，但整个作品指向的是历史风云、政治际会的宏大场景和庄严气氛。以《三国演义》为例，虽然小说的人物塑造达到了炉火纯青的程度，诸多的人物形象都能令人感同身受、铭记在心。但大多读者的爱恨情仇都会被小说开篇《临江仙》一词深沉、苍茫的意境溶解掉，然后陷入“分久必合，合久必分”的历史思索中，深沉的历史感和深刻的思想性突显了此类小说宏大的历史气魄和深邃的理性精神。《水浒传》和《三国演义》是两种题材类型小说的代表作，其效颦者虽不能达到这样的高度，但两者的比较已充分说明了两种命名方式所折射出的小说题材内容、思想主旨的差异。

“讲史（演史）”、“平话（评话）”、“志传（传）”、“演义（演义）”，四者在艺术上的流变过程更能体现出中国古代历史小说中明显的文人化进程和强烈的历史参与意识。“讲史”着重于说书之人的“讲述”，“讲史”是宋代“小说四家”中的一个门类，到了元代讲史演史的故事叫作“平话”，宋的讲史话本传世者罕见，据纪德君《中国历史小说的艺术流变》一书的记载，首先有刊本行于世的历史小说，大都是以“讲史”故事为基础。那么，作为宋“讲史”直接变体的元“平话”姑且也可以代表“讲史”一类的艺术特征。而且，“讲史”多是诉诸口才，即使有文字写本，其艺术也不会高于直接诉诸文字的“平话”。这就更证明了“平话”可以代表“讲史”的艺术特征。“平话”亦可写作“评话”，其中暗含了“平话”两方面的特征，一是相对于韵文体的诗话、词话而言的散文体为主的文学形式，二是“评论”之意。[1]“说书”是一种市井文

---

① 参见谭帆：《中国古代小说文体文法术语考释》，上海古籍出版社2013年版。

艺的形式，讲史者面对的是市民大众，一方面市民的文化水品相对较低，另一方面讲史者在表演的过程中需要模拟小说人物的声口，所以讲史者多用散文体的形式。而且，讲史者一方面为了让听众明晰故事中的人物性格，另一方面也希望通过说书起到引导开化民众的作用，当然其中也有自我炫耀的意识，故多用“评论”之语。但说书人的素质往往较低，听众的文化水准更是可想而知，故其往往“言辞鄙谬，又失之于野”①。而“演义”的大部分作者往往是失意的下层文人，有着相对较高的文化素养和文学修养，正是出于对“言辞鄙谬，又失之于野”现象的不满而作小说，故其言辞相对书面化、雅化，达到“文不甚深，言不甚俗”的境界。说书人面向的是市井听众，“唯恐其故事之不离奇、不激昂的，若一落于平庸，便不会耸动顾客的听闻。所以他们最喜欢用奇异不测的故事、惊骇可喜的传说，且更故以危辞峻语，来增高描述的趣味”②，而“演义”的作者主张据正史、按鉴演义，意欲普及历史知识，故其多力求内容的信实。“善则知劝，恶则知戒”③“按《通鉴纲目》而取义”④。故“演义”小说较之“平话”小说在选取材料、安排叙事的过程中更加规范，更加严谨，更具有文人化的倾向。⑤

而“志传”与“演义”的区别，主要体现在历史小说重新刊刻的过程中，出现了一个明显的将同一题材故事的“志传”本改刊为“演义”本的潮流。罗贯中撰的《隋唐两朝志传》，在清人褚人获的笔下更名为《隋唐演义》；熊大木曾刊刻《全汉志传》（包括《西汉志传》和《东汉志传》），后来前一部被甄伟改编为《西汉通俗演义》，后一部被谢诏改刊为《东汉十二帝通俗演义》；熊大木的《北宋志传》被纪振伦改刊为《杨家府演义》。其中，罗贯中的《隋唐两朝志传》是“通史演义”式的小说，而褚人获的《隋唐演义》则是英雄传奇小说，罗书主要叙述的是隋唐之际风云变幻的历史，其宗旨与罗氏的《三国演义》相

① 纪德君：《中国古代小说文体生成及其他》，商务印书馆2012年版，第329页。

② 郑振铎：《论元刊全相平话五种》，见纪德君：《中国古代小说文体生成及其他》，商务印书馆2012年版，第282页。

③ ［明］余邵鱼：《题全像列国志传引》，见丁锡根：《中国历代小说序跋集》，人民文学出版社1996年版，第861页。

④ ［明］熊大木：《大宋演义中兴英烈传序》，见朱一玄编：《明清小说资料选编》（上、下），南开大学出版社2006年版，第151页。

⑤ 参见纪德君：《中国历史小说的艺术流变》，中国社会科学出版社2002年版。

仿，而《隋唐演义》虽也标目历史性的大环境，但是全书描写的重点是秦琼、单雄信、程咬金、罗成等草泽英雄的传奇故事，而李唐王朝取代暴隋的历史变迁仅作为整部书的大背景。“‘传（志传）’‘记’‘录’等词语与史学关系密切，而演义则更加注重通俗性、故事性、可读性。”[①]那么，从“志传”体到“演义”体的变化是审美文化变迁的一种体现，更强调故事的通俗性、可读性、趣味性，以此来招揽更多的读者。同时，这种“志传”改写“演义”的过程，更是历史小说文人化的过程。在诸多改名重刊的小说中，以书坊主的作品居多，而改刊者又大都是文人。“偶阅西汉卷，见其间多牵强附会，支离鄙俚，未足以发明楚汉故事，遂因略以致详，考史以广义。”[②]文人出于对原作叙事失实、宗旨不明等原因的不满，亲自重新“按鉴演义”，从叙事的真实性和艺术性、主题的明确性和庄重性出发，令同一故事产生深刻的变化，此过程中文人的主体性体现得十分明显。如果以甄伟改写熊大木《西汉志传》作为小说文人化在主题方面的表现，那么，熊氏的《北宋志传》被纪振伦改编为《杨家府演义》，更多体现的则是小说艺术手法的日臻完善。[③]

同时，随着历史小说的发展，人们对“演义”的认识也愈加深刻，小说的艺术手法也愈加完善，“演义”体的意图也逐渐被强化为两个方面。一是通过历史的叙事来阐明义理，“‘演出辞话’乃‘演’也；所谓‘识其意思’即‘义’也；‘发明楚汉故事’乃‘演’也，‘刘项之强弱，楚汉之兴亡’之理即‘义’也”[④]，可见，“演”为叙述历史，“义”为阐明义理。二是将历史通俗化，达到普及历史知识、教化民众的作用，“欲天下之人，入耳而通其事，因事而悟其义，因义而兴乎感”[⑤]“今天下自衣冠以至村哥里妇，自七十老翁以至三尺童子……无不能悉数颠末，详其姓氏里居”[⑥]。总之，是用通俗易懂的方法，将

① 程国赋：《论中国古代小说命名的文体意义》，载《明清小说研究》2011 年第 2 期。

② ［明］甄伟：《西汉通俗演义序》，见朱一玄编：《明清小说资料选编》（上、下），南开大学出版社 2006 年版，第 13 页。

③ 参见纪德君：《中国历史小说的艺术流变》，中国社会科学出版社 2002 年版。

④ 欧阳健：《历史小说史》，浙江古籍出版社 2003 年版，第 153 页。

⑤ ［明］张尚德：《三国志通俗演义引》，见朱一玄编：《明清小说资料选编》（上、下），南开大学出版社 2006 年版，第 59 页。

⑥ ［明］袁宏道：《东西汉通俗演义序》，见朱一玄编：《明清小说资料选编》（上、下），南开大学出版社 2006 年版，第 12 页。

历史深刻的道理传达给读者,最终达到教化的目的。[①]

“讲史”“平话”“志传”“演义”,小说的命名过程是小说艺术的演变过程,也是小说意识的演进过程,更是小说“俗—雅—俗”的过程。“讲史”到“平话”,书写在规范、篇幅在增大、文辞在提升,是雅的开始;至“演义”“志传”的出现则文人一举成为小说编撰的主体,通俗小说的第一个雅化高峰出现;而延至后期,效仿踵武者和书坊主纷至沓来,艺术与思想上固无杰出小说家的高度,故小说再度俗化,同时,历史通俗化的潮流在官方与民间的呼声中席卷而来,故后面的“俗”是雅化后的俗。前一个“俗”展现的是小说初期的“粗俗”,后一个“俗”表现的则是经文人加工而反之于市井的“通俗”。而且,就章回体小说而言,从脱胎于皇皇巨著史书的历史演义到市民乐见快意恩仇的英雄传奇,在某种程度上来讲,也是一种“俗”的过程,更贴近市井、更贴近“世俗”。

第三节　章回小说(下)——神魔与世情

一、神魔小说的兴起

从帝王将相到草莽英雄,章回小说在萌发期就在做着回归市井人生的努力。从嘉靖年间(1522—1566)到万历年间(1573—1620),伴随着社会历史、文化思想的发展,最终实现了章回小说另外两种题材类型的化茧成蝶。“奉道流羽客之隆重,极于宋宣和时,元虽归佛,亦甚崇道,其幻惑故遍行于人间,明初稍衰,比中叶而复极显赫,成化时有方士李孜,释继晓,正德时有色目人于永,皆以方伎杂流拜官,荣华熠耀,世所企羡,则妖妄之说自盛,而影响且及于文章。”[②]宋朝帝王信奉道教,元代虽以佛教为国教,但不斥道教,且有二教并举之势。明初大举汉家儒学,然至中期,佛道二教甚嚣尘上,并出现了名重一时的方士僧侣,甚至有因此而拜官封侯、荣华一世者,且据史书记载,嘉靖皇帝更是以迷信宗教著称于世。上行下效,朝野之间佛道弥

① 参见谭帆:《中国古代小说文体文法术语考释》,上海古籍出版社2013年版。

② 鲁迅:《中国小说史略》,广西人民出版社2017年版,第169页。

漫,“妖妄之说”、宗教学说染指文章著述也就自然而然了。“且历来三教之争,都无解决,互相容受,乃曰‘同源’,所谓义利邪正善恶是非真妄诸端,皆混而又析之,统于二元,虽无专名,谓之神魔,盖可赅括矣。”[①]正如上文所言(第一章第二节“宗教观”部分),宗教起于巫祝文化,至魏晋有本生道教、外来佛教,二教于乱世显赫一时。李唐以同宗为由,尊道教为国教。后五代又历乱世,其情形类似于南北朝,故起于巫术而终于宗教,从远古至魏晋而宗教成,自南北朝而明际,二教交相罔替,不仅无一沉寂,且并行繁盛,加之儒学,遂成三家。而且,观念、思想、学说、宗教之类,仅有核心观点的差异,却无明显的界限,而统治者又欲混而用之,且古人又乏明辨之意,故三家渐融。儒之义利、道之邪正、德之善恶、事之是非、佛之真妄,皆相互杂糅,或有正反,统曰神魔。简而析之神魔,亦“影响且及与文章”,神魔小说作为章回体小说的另一大题材横空出世。

《西游记》于明万历二十年(1592 年)刊刻面世。是书故事以《大唐三藏取经诗话》为基础,增设人物、添加情节、优化结构、梳理逻辑、铺张描写,终成百回本之巨著。书讲唐僧师徒四人,经九九八十一难,终到西天,取得真经的故事。其中,小说以孙悟空为主人公,前九回的“石猴出世—学得本领—大闹天宫—如来斗法”炫人眼目、读之畅快,自皈依佛教、伴师取经,小说的精彩之处亦是孙行者降妖除魔的描写和叙述。最后,取经成功,真经广播人间,四人也成佛作祖。在这里,佛魔、仙妖、鬼怪、神灵层出不穷,可见其人物形象融通佛道两家,而“义利邪正善恶是非真妄”等诸端糅合于人物和情节之中,神魔之两大端则界限清晰、派别分明,最后,真经广播人间是谓神终胜于魔,且更有悟空“心魔终除”“佛住心性”的寓意。从故事的编排与叙事的方式,到思想观念、宗旨意趣的表达,此书都是神魔小说的典范之作。从小说命名的角度而言,名曰《西游记》可谓指出了师徒四人西天取经的方向,正如李贽在《批点西游记序》中所言:“不曰东游,而曰西游,何也？东方无佛无经,西方有佛与经耳。西方何以独有佛与经也？东生方也,心生种种

---

① 鲁迅:《中国小说史略》,广西人民出版社 2017 年版,第 169 页。

魔生;西灭地也,心灭种种魔灭。魔灭然后有佛,有佛然后有经耳。”①承上文所言(上论第二章第一节“评点者的影响”),李贽从佛魔心性的角度指出了“西游”与“佛魔”之间的关系。而《西游记》对后世神魔小说的影响,也正是以此两端为主。

二、神魔小说的命名

《西游记》一出,神魔小说风靡天下,坊间争相效仿,一是效仿其“西游”之名而出者,如《东游记》《南游记》《北游记》等。《东游记》以“八仙”为主人公,讲述八仙过海的神话传说;《南游记》以“华光”为主人公,讲述其三次投胎转世,降妖伏魔,大闹三界,寻母救母,终成正果的神话故事;《北游记》以“真武大帝”为主人公,讲述了真武大帝得道后降妖除魔的神话故事。其中,《北游记》和《南游记》为书坊主余象斗所作,不仅名字类似于《西游记》,而且故事情节、人物设置都有《西游记》的影子。《东游记》为吴元泰所作,吴元泰生卒年不详,然此书最早仍为余象斗所刊,而参之《北游记》《南游记》,且在序文中余象斗强调了版本的权威性,可知《东游记》亦为《西游记》影响下的产物。还有杨致(志)和的《西游记传》,此“西游”更是彼“西游”的一个简本。凡此种种,足见《西游记》影响之大,“游记”似乎也成了章回小说中神魔小说的标志。

同时,随着宗教的世俗化,宗教因素对小说的影响,也不再仅是单纯的故事、人物等题材、内容方面的直接引用,而是在小说的叙事中利用宗教的思维推动情节、故事的演进,使宗教因素真正成为一种文学性的因素。“宗教叙事在完成其推动小说叙事走向成熟的历史任务之后,其形式方面的因素则仍然停滞不前,这就导致了它对小说的影响,主要是一种潜在的影响。”②“创作者有时通过形象的寄寓,对现实生活中丑恶现象加以无情鞭挞;有时借助情节契机,信笔引申,对现实予以嘲讽;有时则借助梦幻世界书写自己的人生理想。”③即作者只是借助神魔的观念和形式,实则写的是世俗,

① 李贽:《批点西游记序》,转引自《西游记资料汇编》,朱一玄编,南开大学出版社 2012 年版,第 226 页。

② 韩云波:《唐代小说观念与小说兴起研究》,四川民族出版社 2002 年版,第 186 页。

③ 胡胜:《明清神魔小说研究》,中国社会科学出版社 2004 年版,第 139 页。

表达的是自己对真实世界的看法。《西游记》"讽刺揶揄""当时世态"①,后世之书则更将神魔与历史故事、政治斗争等相联系,寓神魔以映世事的意图愈加明显,"凡人著书,无非取古人以自寓。书中之事,皆作者所历之境,书中之理,皆作者所悟之道;书中之语,皆作者欲吐之言;不可显著而隐约出之,不可直言而曲折见之,不可入于文集而借演义以达之"②,这继承的正是《西游记》的"神魔"寓意。

而此类神魔小说与小说命名之间会形成一种巧妙的假借关系,即小说是在借用宗教的词汇、手法、意蕴与思维,而小说的内容和宗旨是指向现实社会的。即在宗教外衣的笼罩下,书写的是现实生活中的事情和人物,表达的是对历史与现实即真实世界的感情和思考。此类小说及其命名大致分为三种情况:一是假神魔寓人间正邪力量之较、国家兴亡之道,在命名中强调正邪对立和邪不压正的观念,如《封神演义》《三遂平妖传》。以《封神演义》为例,是书主要讲述的是武王伐纣的故事,小说中的人物被分为两派,双方进行征伐斗法,而衡量双方斗争成败的关键不是法术计谋的高低、仙道人数的多少,而是以传统的道德来进行判断。这样,小说的寓意就是"有道之君"伐"无道之君",表达的主要思想也是仁政必然取胜、暴政必然会被消灭,探讨的中心议题是君主应该怎样建立和管理一个国家,目的是总结历史兴亡之道、政治统治成败的经验与教训,意图是给人以资治通鉴式的启发和教育。宗教因素在小说中的体现,大都只是幻化奇异的人物和法术、虚拟各路仙道之间的道术斗法。这样,宗教的因素就成了作家表达历史使命感、政治责任感等道德话题的文学手法,宗教不再是小说的内核,而只是技术层面的存在。小说假借佛魔之名,实以历史事件、历史人物为展开,探讨历史兴衰、政治成败主题,这也就形成了神魔小说中的一种重要类型——史话一类,此类小说的命名方法也多是如此。

二是借幻寓意、托幻刺世,在命名中突出归正启迷、祛鬼除魅,如《三教开迷归正演义》《扫魅敦伦东度记》《斩鬼传》《平鬼传》等。以《三教开迷归正演义》为例,是书讲述明万历年间有一先生名叫林兆恩,人称"三教"先生,

---

① 鲁迅:《中国小说史略》,春风文艺出版社 2020 年版,第 101 页。

② 《续西游补杂记》,见《西游补》,内蒙古人民出版社 2008 年版,第 448 ~ 449 页。

他有三个徒弟,分别为宗孔(字大儒)、羽士袁灵明、行脚僧宝光,他们要兴立“三教”盛会。在此过程中,因狐精作祟祸害人间,故三人立志出山,为世间扫祸除乱、破迷驱妖。历经种种波折,冲破层层障碍,除去各种魅惑,最终三人在老师的带领下超化群迷、功德圆满,灵明、宝光修成正果,宗孔亦建立功勋。小说人物名字的双关意义十分明显,小说中“三教”代表人物所破之迷实际上也就是各种社会恶迹以及人自身的诸多缺点,如银子迷、做官迷、美色迷、贪欢迷、贪婪迷,等等,克服种种迷惑,谓之“开迷”。“三教”的代表人物,最终按照各自教派的礼仪得到了最高的荣誉,则说明“归正”大获全胜。“三教”的代表人物又有同一个师父,则代表了明中后期三家合一的趋势。“是传开迷心,归正路,欲以举世尽归王道之中,乃参三教而和一。”[①]作者在小说中寄寓时事、直刺时弊、托神魔以刺世、借鬼神以劝惩的寓意十分强烈。此类小说的内容和写法,也形成了神魔小说中又一重要类型——寓意讽刺一类。寓神魔以讲历史之兴衰、政治之得失的史话类小说,命名强调“神”与“魔”的对立,神则得而封、魔则失而灭。而此类寓神魔以讽刺世道、教化人心的讽刺类小说,命名强调“开迷”“归正”“扫魅”。即前者重在正与邪的斗争,且必须是以正压邪、以正胜邪;后者重在开化、去魅、启迪,且最终达到正心、皈依、悟道的效果。而这种强调神魔对立、神战胜魔、神开化魔的小说,较之最初以“游记体”方式命名的小说的直接模仿和故事内容的主讲得道成仙与单纯的降妖除魔,更是发扬了“神魔”的精髓。神与魔不仅是小说人物角色的设定,也是小说思想观念的根源,更是小说叙事模式的预设。

承前文所言,《晋洪州西山十二真君内传》《观世音应验记》《光世音应验记》《系观世音应验记》《金刚般若波罗蜜经讲经文》《悉达太子修道因缘》等,都受宗教的影响。在文言小说中,就已有佛道仙怪一类,且在小说的命名中,神僧、道仙的名号或佛道典籍的名字直接出现。此类书的作者大都是教徒,书名中神祇道仙的直接莅临,象征着作者虔诚的信仰,有着明显的感召教众、传播教义的目的。当时政治动荡不安、社会混乱不堪、传统的价值体系崩溃,而又宗教风行,人们普遍希望找到精神上的寄托。各个教派的信徒们也为了自神其教,招徕更多的信徒,则纷纷著述以传教,以这种开门见

① 《三教开迷传引》,见《古本小说集成》第一辑,上海古籍出版社 2016 年版,第 2 页。

山的方式命名，更有醒目、庄重之感。但当历史进入和平时期，政治趋于稳定，人们依然没有完全抛弃精神寄托的习惯。“一方面这些神灵的故事大多在民间流传已久，颇具传奇色彩，与侈谈神怪的主观意图吻合；另一方面，有关这些神灵的信仰在民间根深蒂固，早已深入人心，为之立传，自然不愁作品的销路。”[①]文化传统与风俗习惯极大地激发了大众的需求，而大众的需求就是书坊主的销路所在。《二十四尊得道罗汉传》《关帝历代显圣志传》《醉菩提全传》《吕祖全传》《南海观音传》《钟馗全传》《韩湘子全传》《济颠大师全传》等，“民间香火较盛的神灵差不多都成了此期神魔小说的主人公”[②]。观音、二郎神、吕洞宾、罗汉、韩湘子、关二爷等民间的神祇，在小说的题目中频频出现，成为明清神魔小说中的主角，也就此形成了神魔小说中的第三种类型——神祇道仙的现身书。

而此类书的出现不仅与民间信仰和商业利益有关，也与统治者的某些行为和目的有着密切关系。“朱氏起于民间，其信仰也带有民间信仰的传统。享国后，于各种神祇敬奉依然，尤重佛道之祈祷与方术。由于帝王之信奉，使民间信仰越加广泛与丰富，祈祷与方术之流行也完全趋于社会化。帝王以下，王公、大臣、官吏、太监、百姓皆信佛道诸神及民间杂神，致使宗教生活至明代成为人们社会生活的重要部分。”[③]政治统治者利用宗教古已有之，但在明清二朝为盛。“靖难之役”中，朱棣利用宗教神灵，假扮神武大帝对自己的造反行为进行合理化解释，以此来鼓舞士气，推动战争的进行，在其继位后，则大大册封了这个道教神仙[④]。民间的关羽崇拜更是官方文化作用的结果，宋徽宗封他为忠惠公和崇宁真君、后加封为义勇武安王，宋高宗加封他为壮缪义勇王，宋孝宗改封为英济王，元泰定帝时又封为显灵义勇武安英济王，元文宗时封为壮缪义勇武安显灵英济王，清代时开始封为关圣大帝，清高宗时加封为忠义神武灵佑关圣大帝，清宣宗封其为忠义神武灵佑仁勇威显关圣大帝。皇帝册封神灵，完全是着眼于政治统治的需要，是在利用民间诸神，带有明确的实用性，而偏爱于册封民间神灵，则是因为这些神灵与

① 胡胜：《明清神魔小说研究》，中国社会科学出版社2004年版，第75页。

② 胡胜：《明清神魔小说研究》，中国社会科学出版社2004年版，第75页。

③ 任继愈主编：《中国道教史》，上海人民出版社1990年版，第621～622页。

④ 参考胡胜：《明清神魔小说研究》相关章节的论述，中国社会科学出版社2004年版。

百姓生活更为接近,着重册封关羽,正是着眼于他的"义(忠义)",对他的封号也突出了帝王别有用心的价值取向。这样,帝王的利用和民间的喜爱,最终形成弥漫朝野的共同信仰和崇拜。

帝王况且如此,下层的黎民百姓对神灵的信奉也更有着强烈的实用性意味,"作者不是以宗教的激情和迷狂匍匐在鬼神脚下,向着非人间异己力量进行自我否定的'原罪'忏悔,而是以冷静的理性审视传统宗教思想资料,为我所用,借幻想形象与幻想世界巧妙地表达他们对现实的关心和对自我价值的肯定"[①]。较之统治者的影响,读者大众的心理需求,更会导致神魔小说的诸多变化。在明清时期的佛道类故事中,那些至高无上、虚无缥缈的神仙已经逐渐退出了舞台,取而代之的是生活于百姓身边,触手可及、可感可知、可交可往的神人。即使是古已有之的观音之类的神,也有了明确的住址。神成为人生活的一部分,神祇成了现实生活中的成员。顶礼膜拜的神成了现实中"路见不平、拔刀相助"的群体、茶余饭后的谈资,俗化的实用主义倾向分外明显[②]。这样,从小说主人公的身份和行为方式,到小说的故事情节和主题宗旨都发生了巨大的改变。而小说命名的变迁正反映了社会文化、世人心态的深刻变化,神祇道仙的现身书是宗教思想的体现,同时也体现着宗教思想的变迁。也正如本节开篇所言,章回小说在不断地做着向平常社会、平凡人生回归的努力。而且,这种回归不仅是小说题材和内容的改变,更是创作思想、观念的变迁。从王侯将相到绿林好汉,是一种转变;从真身神魔到寓意神魔,也是一种转变;从宗教之神到世俗之神,更是一种转变。而在这些转变的过程中,章回小说的另一大题材——世情小说也终于问世。

三、世情小说的兴起

"当神魔小说盛行时,记人事者亦突起,其取材犹宋市人小说之'银字儿',大率为离合悲欢及发迹变态之事,间杂因果报应,而不甚言灵怪,又缘描摹世态,见其炎凉,故或亦谓之'世情书'也。"[③]正如鲁迅先生的概括,离合

① 刘上生:《中国古代小说艺术史》,湖南师范大学出版社1993年版,第193页。

② 参考胡胜:《明清神魔小说研究》相关章节的论述,中国社会科学出版社2004年版。

③ 鲁迅:《中国小说史略》,春风文艺出版社2020年版,第113页。

悲欢及发迹变态是世情小说的主要内容，“间杂因果报应”是世情小说的部分主旨，“描摹世态”“见其炎凉”则是世情小说的特征。世情小说的记载最早见于明代万历二十四年(1596 年)著名文人袁宏道给著名书画家董其昌写的一封信，其中言：“《金瓶梅》从何得来？伏枕略观，云霞满纸，胜于枚生《七发》多矣。后段在何处？抄竟当于何处倒换？幸一的示。”[①]之后，袁宏道又与弟弟袁中道、友人谢肇浙、友人沈德符、友人冯梦龙论及此书，且冯氏又以其一贯的商业敏锐性鼓励刊刻。然直到明万历四十五年(1617 年)，才得见其第一个刻本《金瓶梅词话》(世称“万历本”)，后于崇祯年间(1628 年—1644 年)经调整后再刻名曰《新刻绣像批评金瓶梅》(世称“崇祯本”，较之前本，小说结构做了重大调整，删去了大量诗词韵文、增加了绣像，其差异类似于前文所言书坊主对原著的再造手段，小说命名中亦可看出)。《金瓶梅》作为章回体世情小说的开山之作，早期的传播过程和刊刻情况所包含的信息繁多。一是刊本出现在万历四十五年，而最早的关于此书的信息出现在万历二十四年，那么其间二十多年的时间该书应该是以抄本的形式在文人中流传；二是袁宏道云“从何得来”则说明此书的内容应该是未在市面上出现过，且袁氏及其往来的友人均是明中后期文坛的显赫人物，而大家均不能答此一问，可见“未见”更是因未传；三是“云霞满纸，胜于枚生《七发》多矣”，袁宏道作为明代文学的大家，对该书很是激赏，也足见该书艺术水平之高。这些信息的分析也进一步得出了几条重要的论断：一是不同于《三国演义》《水浒传》《西游记》世代累积的编撰模式，《金瓶梅》是第一部文人独立创作的章回小说；二是与《三国演义》《水浒传》《西游记》类似，《金瓶梅》既是其类别小说的开山之作，也更是典范之作，对后世世情小说的发展产生了非常大的影响。《金瓶梅》以西门庆为中心人物，讲述其经商、做官、交友、纳妾、养妓等日常生活的方方面面，塑造了一个集商人、官员、地主、恶霸为一身的人物形象，以此表现明代中后期世风、世俗的面貌(小说的背景虽在宋代，然其所描述的更多为明代社会的情貌)。作品中，人物形象繁多且丰满生动、叙事流畅而不失条理、结构连贯紧凑而前后呼应，情节更是引人入胜且回味

① 袁宏道：《与董思白书》，转引自《金瓶梅资料汇编》，朱一玄编，南开大学出版社 2002 年版，第 157 页。

无穷,白话语言的运用也是纯熟而惟妙惟肖,小说整体取得了非常高的艺术成就。在世情小说领域,似乎只有后出的《红楼梦》可以与之比肩,且后者在诸多方面都受到了前者的影响。而与同期的章回小说相比,其可谓之翘楚,更被时人誉为“天下第一奇书”。在整个章回小说领域中,就其成就而言,也在三甲之列。

四、世情小说的命名

“如诸妇多矣,而独以潘金莲、李瓶儿、春梅命名者,亦楚《梼杌》之意也。盖金莲以奸死,瓶儿以孽死,春梅以淫死,较诸妇为更惨耳。借西门庆以描画世之大净,应伯爵以描画世之小丑,诸淫妇以描画世之丑婆净婆,令人读之汗下。盖为世戒,非为世劝也。”[①]“金”“瓶”“梅”是取小说三位女主人公的名字,金为潘金莲、瓶为李瓶儿、梅为庞春梅,三人不仅是小说着意塑造的重要人物,承载着小说所要表达的观念,更是小说的线索人物,起到线索贯穿和结构架构的作用。潘金莲爱名慕财、嫉妒心强、阴险狡诈,为达目的不择手段,甚至害人性命,厚颜无耻,性欲与控制欲都极强;庞春梅作为潘的丫鬟,几乎是其性格的延续且更有过之,小人得志的形象感更为强烈;相对而言,李瓶儿虽也欲念丛生,但行为不激、性格温和,更有未雨绸缪和幡然悔悟之念。三人人物性格丰满而突出,这也是中国古代小说中第一批形象生动的女性形象。历代文人、后世研究者对《金瓶梅》主旨的解读甚多,但不出“欲望”与“人情”二端。就这三个人物而言,都可谓情欲、性欲、财欲、物欲的化身,潘金莲集中表现为性欲与财欲,李瓶儿多是情欲的表达,庞春梅更是性欲、物欲、财欲的化身。且三人最后的死亡都与欲望有关,潘金莲因偷情西门庆被武松怒杀,庞春梅更是在成为守备夫人之后与小厮偷情事发而死。一个在大难临头之际还在幻想财色交易,一个在已成为官员夫人之后还在纵情淫欲,真可谓欲令智昏。李瓶儿虽不直接死于自己的欲望,却是葬身于西门家妻妾的争风吃醋之中、葬身于其他女人的欲望之中,欲望的表达可谓淋漓尽致。同时,在以三个女人为中心的西门庆家庭生活的描写中,市井风

---

① 弄珠客:《金瓶梅序》,转引自《金瓶梅资料汇编》,朱一玄编,南开大学出版社 2002 年版,第 178 页。

俗、人情世故尽在其中，特别是商人的尔虞我诈、权利的利欲熏心、官场的官官相护、社会的世风日下，等等，社会世俗在此尽数展开。就结构而言，小说从潘金莲偷情西门庆始，在西门庆纳满一妻五妾后正式展开，一妻五妾多位姘头的争风吃醋、血雨腥风是小说主体的重要构成，小说从李瓶儿去世开始走向收束，随着西门庆纵欲而亡则彻底走向了树倒猢狲散，最后以孝哥的皈依佛门而剧终。小说从一个欲望与丑陋的故事开始，之后在欲海狂涛中书写着人情的波涛起伏，最后在一个个亡灵的悲剧中走向结束，而孝哥的入空门，是为因果报应，也更表达了小说意在"劝世"的深刻内涵。潘金莲与李瓶儿入西门府、府内的明争暗斗支撑了小说前三分之二的内容。后面则是西门庆因潘金莲而死，余人则各自走向所终，就篇幅而言，也以潘金莲和庞春梅的故事为主。这样，从小说人物塑造、情节内容、主旨观念、行文结构等多个方面，金、瓶、梅都起到了举足轻重的作用。同时，金玉满堂而千金易散、花瓶精雕而瓷器易碎、梅香沁人而梅花易落的多重审美感受也氤氲在小说之中，这种朦胧而美丽、魅惑而伤感的情绪也无时无刻不笼罩着小说文本。这样，《金瓶梅》的命名在小说艺术、小说意旨、小说审美、小说风格等多个领域都为后世的世情小说做了典型的示范。而纵观世情小说的发展，似乎也没有超越榜样的力量。

"小说"名"银字儿"，如烟粉灵怪、传奇公案、朴刀杆棒、发迹变泰之事。当灵怪、公案、朴刀杆棒分别走向各自的领域，烟粉、传奇、发迹变泰就成为了世情小说的主角，前三类也只是时有客串、以配主角而已。烟粉者，胭脂涂粉，多涉烟柳妓女的题材；传奇，事之奇者，以爱情为主（见前文的论述）；发迹变泰，主写人之际遇变化，且偏于朝夕间的荣辱变化、贵贱转变，多指官场仕途、商场暴富等。其中，以烟粉与传奇为主，即以女子与爱情为主要内容；发迹变泰，则侧重与社会政治相联系。而就《金瓶梅》而言，则都囊括之，后世之作多偏于烟粉与传奇一类，发迹变泰多演变为情节需要的一个环节。仅有少数如《红楼梦》者，将烟粉传奇的盛衰与发迹变泰的沉浮相联系，写出了人间情感、人生际遇、社会历史、政治仕宦的俱荣俱衰之感，这也是其可比肩甚至超越《金瓶梅》的原因。同时，就"世情小说"一词的本身而言，"世"为世界，偏于社会、政治等外部存在；"情"为情感，偏于爱情、情义等内部存在。世为情之环境背景，情为世之人情内核。世情小说者，亦多从"情"之内核人手。《金瓶梅》之情多杂糅着性和欲望,且因为小说整体的审丑风格,故显得有些灰暗和低俗。后来之小说大致亦从这些因素生发,以情为内核,以权、名、利、财为分支,以人情世故、世态炎凉为背景,演绎着生活百态、人情冷暖。而纵观世情小说的全貌,大致呈现出三种趋势:一类为特别强调纯情的才子佳人小说,一类为承继世与情两大因素且文本雅化的世情小说,一类为迎合低俗情趣的猥亵小说。第一类为情之纯洁的极端提升,似有不食人间烟火的倾向;第二类多取《金瓶梅》思想之内核,而做情感、审美与文本的雅化或教化处理;第三类则是等而下之,专注身体、性色,流为庸俗滥情。三类小说共同在各自的领域内,模仿、学习和突破《金瓶梅》的典范作用。

《金瓶梅》最醒目而简易者,为主人公的姓名连缀而成的小说题目[①]。"传奇家摹绘才子佳人之悲离欢合,以供人娱耳悦目也旧矣。然其书成而命之名也,往往略不加意,如《平山冷燕》即才子佳人之姓为颜;而《玉娇梨》者,又至各摘其人名之一字以弁之。草率若此,非真有心唐突才子佳人,实图便于随意扭捏成书而无所难耳。"[②]此话虽是持蔑视态度,但也从反面承认了主人公连缀成名的方式确为世情小说命名的一种惯用方法,如《玉娇梨》(白红玉、卢梦梨)、《金云翘传》(金重、王翠云、王翠翘)、《吴江雪》(吴媛、江潮、雪婆)、《春柳莺》(梅凌春、毕临莺)、《雪月梅》(雪姐、王月娥、何小梅)、《引凤箫》(白引、凤娘、箫霞)、《英云梦》(滕英娘、王云、吴梦云)、《双英记》(方奇英、卜娇英)、《金石缘》(金云程、石无瑕)、《平山冷燕》(平如衡、山黛、冷绛雪、燕白颔)、《梅兰佳话》(梅雪香、兰漪漪)、《水石缘》(石莲峰、水盈盈)等,皆是如此[③]。小说以男女主人公,或者双主人公(同性)的姓或名连缀为小说的题目,小说的故事也是以两人的爱情(感情)为主线而展开,中经种种波折,后大多以喜结良缘而结尾。从小说命名形式,到命名对小说内容的指涉和小说叙事架构的预设,都继承了《金瓶梅》的命名所包含的特点。而独在

---

① 缀名法,最早见元代文言小说《娇红记》,此书名字源于两位女主人公的名字娇娘、飞红。是书亦讲男欢女爱之情事,对传奇体文言小说的创作影响颇大。然与《金瓶梅》相较,则《金》之盛名更甚,则才子佳人小说都是白话世情小说与《金》同题材,故学界一般认为缀名法的兴起,自《金瓶梅》始。

② 三江钓叟:《铁花仙史序》,见朱一玄主编:《明清小说资料选编》(上、下),南开大学出版社 2006 年版,第 741 页。

③ 参考苗壮:《才子佳人小说简史》相关章节的论述,山西人民出版社 2005 年版。

结尾处“改悲为喜”，这一改动则是受传统审美习惯“追求完美”的影响（可参考本书上论第一章第三节的相关论述）。而且，此类小说逐渐形成程式化的故事情节：落魄书生（不得志的男主人公）偶遇才貌俱佳的女主人公，两人一般都是身世显赫，通过投诗吟和的形式确定关系，情投意合后私定终身，中经坎坷（或是恶人挑拨，或是父母阻隔，或是情感误会，或是忠奸斗争），最后度过坎坷而欢喜收场（状元及第、皇帝赐婚）。这样的模式，一方面既是迎合市人心态的需要，另一方面也是提升“情之力量”的需要，更符合才子佳人小说纯情、至情的宗旨。同时，这种连缀命名的方式，亦不限于才子佳人小说，广义的世情小说中亦有此类，如《玉闺红》（刘玉环、闺贞、红玉），是书讲的是明末魏忠贤擅权、朝政昏暗、忠良被陷害、社会风气败坏、民不聊生的故事，最终奸臣权阉倒台、良人得救，宣扬的是因果报应的教化观念。如《群英杰》（高超群、王文英、高超杰），是书更是以忠奸斗争为主线，夹杂英雄侠义的故事。再如《云钟雁三闹太平庄》（云定、钟珮、雁翎），讲的也是朝堂纷争、忠奸斗争、锄奸除霸的故事。可见，连缀命名的方式自《金瓶梅》而出，世情小说的命名多有仿效者，且在才子佳人类小说的命名中表现得最为突出，形成了一种命名的方式和潮流。

相对于才子佳人小说，纯正的世情小说既延续了《金瓶梅》的方式，更是将“审丑”改成了“审美”，并将世与情的描写与表达做了新的拓展和提升。这里以《红楼梦》为例，小说主要讲述贾氏家族内宁国府和荣国府的生活，且以荣国府内大观园的男女生活为主要故事内容，以贾宝玉、林黛玉、薛宝钗的爱情为主线，同时呈现秦可卿、王熙凤、元春、迎春、探春、惜春等众多女子的情感生活和人生命运，并且关联到贾、史、王、薛四大家族整体的兴衰沉浮。其中，贾、史、王、薛四大家族构成了小说世态的大框架，大观园是情怀的载体，宝黛爱情为情之主脉，金玉良缘为情之波澜，金陵十三钗为情之斑斓。当情的主脉夭折，情的波澜失去了激越的源头，情之斑斓也会逐渐褪去色彩，而内核的崩溃，也最终导致了外部框架的整体坍塌。一荣俱荣、一损俱损的模式，继《金瓶梅》之后继续上演。从小说的人物设置、到小说的叙事结构、再到小说的观念宗旨,《红楼梦》实为《金瓶梅》的嫡传与媲美者[①]。而从小说的命名角度而言,《红楼梦》一方面继承了朦胧绮丽、魅幻空蒙的文字风格和美而不真、丽而易破的审美感觉。小说中朦胧爱情的描写、美好女性的描摹、至情至性的抒发、诗词文雅的表达,正好映衬了小说命名的审美风格,而且后者更是《红楼梦》“改丑为美”的体现。另一方面,“辞传闺秀而涉于幻者,故是书以梦名也。夫梦曰红楼,乃巨家大室儿女之情,事有真不真耳。红楼富女,诗证香山;悟幻庄周,梦归蝴蝶。作是书者借以命名,为之《红楼梦》焉”[②]。梦觉主人的序认为“红楼”指的是这个钟鸣鼎食之家与儿女爱情之事,“梦”则指“幻”,且前者为真,后者为假。那么,“梦”则使《红楼梦》的命名在《金瓶梅》的命名之外探索了一种崭新的表现空间,“梦”本身有着“情”的空蒙感,同时“真”与“假”的设置,既使小说的叙事呈现了“真园”与“幻境”的两重叙事空间,也使小说的主旨在表达现世混浊的同时,更指向了太虚的混沌。而两重叙事和双重意象的出现所产生的寓意阐释空间,则是《金瓶梅》直露的因果报应所无法达到的高度和深度。“梦”在小说命名中的出现,并非始于《红楼梦》,但从对题材内容的指涉、审美意境的构造、叙事空间的拓展、寓意阐释的多重生发,《红楼梦》之“梦”则确为集大成者。加之,《红楼梦》本身的成就与影响,也使得命名为“梦”者都有了《红楼梦》所传达出的意蕴。同时,“红”与“楼”也染上了言情的色彩。

“空空道人听如此话,思忖半晌,将《石头记》再检阅一遍。……方从头至尾抄录回来,问世传奇。因空见色,由色生情,传情入色,自色悟空,遂易名为《情僧录》,改《石头记》为《情僧录》,东鲁孔梅溪则题为《风月宝鉴》。后因曹雪芹于悼红轩中批阅十载,增删五次,纂成目录,分出章回,则题《金陵十二钗》”[③]。与许多小说因诲淫诲盗、拓展销路不同,《红楼梦》命名更换

① 关于《金瓶梅》与《红楼梦》两者之间传承与互文类的研究颇多,自《红楼梦》出现始,古人的序跋中已有只言片语,到近代学术中关于两部书的故事结构、人物设置、艺术手法、隐喻内涵等多个方面皆有较为全面和细致的研究。两者之间的传承性为共识,且《红楼梦》为世情小说的正脉,故本书言“嫡传”。两者之间优劣则仁智互见,故本文言“媲美”。

② 梦觉主人:《红楼梦序》,见朱一玄编:《明清小说资料选编》(上、下),南开大学出版社 2006 年版,第 585 ~586 页。

③ 《脂砚斋重评石头记第一回(节录)》,转引自曾祖荫、黄清泉、周伟民等选注:《中国历代小说序跋选注》,长江文艺出版社 1982 年版,第 222 ~223 页。

的原因恰在于它的多重意蕴,就连小说的作者都感觉左右为难,而这也正好说明了每个命名都对小说有很强的指示作用。情僧者,情生也;情僧缘者,因情生缘也。风月宝鉴者,即因色悟空也。金陵十二钗,情缘之所由生也。这里,情僧,或为谐音,或确是因情生出的故事,如果再联系小说人物的结局与小说开篇的空空道人,则僧为佛,佛为空,由情而生,由生而空,情而空的幻灭感和色空观在小说的命名中就已昭然。风月即为色,鉴者多为空,风月宝鉴则更是色空观的文雅表达,而"因空见色,由色生情,传情入色,自色悟空"的小说自白,更使得"情—色—空"在《红楼梦》中达到了一而二、二而三、三生万物的意蕴深度。《金瓶梅》的"因色生事,因事转空"开启了情孽式、色空观、幻灭感的雏形,《红楼梦》则将其推到了表达力的极致和寓意化的巅峰。《石头记》而《情僧录》,《情僧录》而《金陵十二钗》,《金陵十二钗》而《红楼梦》,小说的多个命名就是这种表达力和寓意化的最好诠释。

世而能幻、情而能空、色而能雅,《红楼梦》是世情小说的又一巅峰之作。《红楼梦》从小说内容、描写手法、情节设置、人物刻画,到主旨思想、观念意蕴,就连命名的既视感,都是《金瓶梅》的雅化。而对于大多数沿着世与情相结合的思路创作的小说而言,更多的是走向了教化,以主讲"因果报应"为宗,以小说的命名观之,就已有了明显的醒世觉人的意图,如《醒世姻缘传》《歧路灯》。"原来人世间如狼如虎的女娘,谁知都是前世里被人拦腰射杀剥皮剔骨的妖狐,如韦如脂如涎如涕的男子,尽都是那世里弯弓搭箭擎鹰绁狗的猎徒;辏拢一堆,睡成一处;白日折磨,夜里挝打,备极丑行,不减披麻勘狱。原来如此如此,这般这般。"①《醒世姻缘传》小说讲的正是两世姻缘、轮回报应的故事,在前一世里,男主人公晁源在外养妓,并在携妓女珍哥打猎的过程中射死一只仙狐且剥其皮,后来晁娶珍哥为妾,并虐待正室计氏,终致计氏自缢而死。而到了后一世,晁源托生为狄希陈,仙狐托生为其妻薛素姐,计氏托生为其妾童寄姐。在后世中,狄希陈由前世飞扬跋扈、凶狠残暴的人变成了一个胆小怕事且极端惧内者,而薛、童则由前世的被猎杀、被虐杀的逆来顺受者变成了极端悍泼者。小说中,她们想出种种稀奇古怪的残

① 环碧主人:《醒世姻缘传序》,见朱一玄编:《明清小说资料选编》(上、下),南开大学出版社2006年版,第885~886页。

忍办法来折磨丈夫，而狄希陈也只是一味忍受。后终有高僧胡无翳点明了他们的前世因果，又教狄希陈念《金刚经》一万遍，才得消除冤业。“姻缘”是世情小说的主脉所在，“醒世”则是此类世情小说的宗旨，“报应不爽”“劝世惩戒”更是此类小说创作的观念和动机。李绿园的《歧路灯》亦是如此，《歧路灯》喻指“歧路之明灯”。小说主要讲述主人公谭绍文因年少亡父、母亲溺爱、不听正人规劝、又深受纨绔子弟的影响，自己误入歧途。而后，又经历家族败落、合家飘零等惨痛经历的洗礼，终开始发愤读书，后金榜题名、光耀门庭的故事。作者也正是希望通过小说因果相报的形式达到教化劝惩、道德救世的目的。而且，《醒世姻缘传》的“来世报”到了《歧路灯》中更变成了“现世报”，似乎更是作者教化人心、劝惩世道的迫切心情的表达。同时，前者还有一些佛道宗教的痕迹（转世投胎）在里面，而后者则多是明明白白的儒家道德说教，似乎也更能看出劝世救世的紧迫性。总之，两者借“因果”以达教化劝惩、道德救世的目的，正是对《金瓶梅》中“劝惩”观念的继承和发展。相比而言，《金瓶梅》是在小说的叙事与结构之中表达，后二者则更是在小说的命名中醒目标示。

“从古以来，福善祸淫之理，天固不爽毫厘。即或作善之人，未尝获庆，作恶之人，未见遭殃，亦皆不无可疑。然天道无私，不报于其时，必报于其后。不报于其身，必报于其子孙，从未有善人永不获福，恶人世享豪华者！报应之机，迟速不同，人特未之深观而默察耳。”[①]作为《金瓶梅》的续书，《三续金瓶梅》，又名《三世报》，则作者续《金》之用意殊为明显。书中续写西门庆转阳重生，并与其子孝哥，继续蓄妓养妾、淫人妻子、刻意钻营、贿赂升官、横行地方的恶霸生活，而后终被上蒸下煮、受尽精神和肉体的折磨，报应不爽似乎是整本小说的主旨。就小说艺术及内涵所言，其较之《金瓶梅》天壤之别，但惩戒劝世、道德救世的思想可谓表现得淋漓尽致。由此也可看出，无论是《醒世姻缘传》《三世报》的轮回转世，还是《歧路灯》的今生现世，小说的故事背景都是世俗社会，小说教化的领域都是社会道德、人伦世故、世道人心，都是通过惩恶劝善、褒良贬邪达到醒世、警示、劝诫的作用。再以

① 四桥居士：《隔帘花影序》，见朱一玄编：《明清小说资料选编》（上、下），南开大学出版社 2006 年版，第 566 页。

《警世阴阳梦》为例，是书讲述魏忠贤的故事，魏忠贤在人间作威作福、鱼肉百姓、淫威横行、不可一世，而到了阴间他的所作所为都得到了应有的报应，上蒸下煮、剥皮抽筋、受尽酷刑。那么，更进一步而言，就这些小说所呈现出来的教化劝惩、因果报应的观念，人物故事的结局，故事情节的设置而言，与其说是受宗教劝惩观和儒家教化观的影响，不如说更多的是在反映普通百姓因不满现实而寄托来世的"善有善报，恶有恶报"的朴素观念。人们在小说里，诉诸天命、轮回报应而大快人心。如果说"教化"常是官方的意图和文人的寓意，那么"报应"则多是市民的呼声。

至于第三类以性为描写对象的猥亵小说而言，更多的是展示人的本能欲望，更以迎合市场低俗的审美为目的，其思想性不高，即使有假托因果报应之说，也多被炫目刺激的肉欲描写所取代，而此类小说的命名也以凸显欲望和诱惑为主。本书第一章第三节"追逐情爱"一节对此类书的命名特点有着较为详细的论述，兹不赘述。而综其三类，世情小说的命名颇爱使用偏于婉约、美艳、脂粉气较重的词语，惯于运用能营造朦胧、绮丽、缥缈风格的词汇，这可能和小说的内容偏重爱情、女性有着密切的关系。小说的内容题材影响着小说命名词语的风格，而小说命名词语的情态也昭示着小说的类型和风貌。同时，从"世"之描摹与展现，到"情"之表达与推崇，再到"意"之劝世与批判，世情小说较之前二类小说囊括面更广、表现力更强、思想性更深。"小说"位于宋"说话四家"之首，而世情小说虽为章回小说晚出者，但就创作的整体质量和取得的成就而言，亦可谓首也。此类小说的命名也是最丰富和复杂的，展现出的形式与样式最为多样，包含的社会历史因素最为广泛，且命名本身形式与类型的交叉也是最复杂的。如《水石缘》《双美奇缘》《金石缘》《定情人》《一片情》《山水情传》《钟情录》《红楼梦》《幻中游》《幻中真》等，命名中"缘""梦""幻"的词语。一方面它们都与"情"有着千丝万缕的联系，"缘"是情的宿命化表达，"梦"是情意象构造的空间联想，"幻"更是情意念世界的真空构建，三个词本身营造的感觉与情本身的风貌韵味不谋而合。而当我们深究其意时，其所包含的文化更是极其丰厚的。"缘"是从佛教的教义演化过来的词语，在中国古代，"缘"本意是衣服边缘①，佛教的经

① 见许慎：《说文解字》，"缘，衣纯也"。

书《四十二章经》首次将“缘”与“宿命”相联系,《四十二章经・十三》曰:“沙门问佛,以何因缘,得知宿命,会其至道”。“缘”有了与宿命相关的“因缘”之意。而男女感情最易与命运相关,故其在后世小说中被引申为“姻缘”之意;“梦”出自《庄子・齐物论》中“庄生梦蝶”和《列子》中“蕉叶覆鹿”的故事,“幻”则源于《金刚经》“一切有为法,如梦幻泡影,如露亦如电,应作如是观”,从字源字义和词的色彩上来看,两者都既有绚丽繁华的美妙,同时又有昙花一现的悲凉。小说命名将情感与宗教相联系、将题材与风格相联系、将文学与文化相联系,这可能是小说命名的共同特性,而在世情小说中表现得最为充分和恰当。

小结

虽然文言与白话小说是按语体和文体而分的小说类型，但二者形成中所受的影响不外乎诸子说辞、官方文献、史传文学、佛道宗教、民间认同、人性本源、心理倾向、审美观念等方面，且情况多有交叉和重合。

笔记小说多承诸子言论与官方著述而来，杂录类为其形式之正宗，故命名中多“杂”“琐”“闲”“赘”“偶”“漫”“随”之语；志人小说为其作用之正宗，故命名中多“说”“话”“论”“议”“谈”“语”“闻”之语；而后，由“说”本身携带的“悦”，加之文艺本身、人之本性好娱，而发展出“笑话”一类，“笑”“谑”“谐”“启颜”“解颐”“俳谐”“滑稽”则是此类小说命名中的高频词语。言语传达是说的主要功能，说理明道则是言语的主要目的，而文言笔记小说的志人一类正是肇始于以说理论道为宗旨的子部，那么志人小说也就自然以言为主，以理为旨。而同为笔记小说的志怪小说既以记载的内容区别于志人小说，也以叙事的形式在笔记小说中独树一帜。志怪起于人类的好奇心和想象力，好奇则猎异语怪，想象则铺陈虚构，前者为内容，后者为手法，更加之宗教的兴起和繁荣，志怪一类遂成笔记小说的另一大端。“仙”“神”“怪”“异”“鬼”“灵”“幽”“冥”，则成为志怪小说命名的显著标志，同时，偏重因“异”而奇、以“怪”为奇的“奇”也成了志怪小说命名的标记。而承上所言，志怪小说的成熟离不开佛道二教的作用，故布道证教的“释氏辅教之书”也成了志怪小说的组成部分，而观世音、罗汉等神佛道流更是在小说的命名中直接现身。同时，伴随着宗教的世俗化，神道隐去真身，而以诸如“冥报”“洞冥”一类的词语，标识着自己志怪小说的身份。而当志怪小说的叙事能力在史传文学的催化下进一步提升，加之诗歌、古文文体的熏陶和影响，同时，“以怪为实”的小说观念在强调史观真实而摒弃虚构的反刺激下变成了“有意而为”的小说理念，最终出现了标志小说成熟的传奇小说。史传观念让小说有了立传补史的愿望和实践,史传文学也孕育了小说的行文方式,传奇脱胎于史传则是不易之论。“人名+传”也成为此类小说最显著的标志,同时,还有“志”“录”“记”“纪”“史”等。而且,因为传奇既指小说的内容,也是小说笔法的概括,故其与笔记小说的命名多有交叉。然传奇多以单篇行于世,笔记多以集本传于世,故以“传”为典型代表的单篇式命名者多属传奇,以“志”“录”“记”“纪”为代表的复体式命名者,则可根据体式词(如“志”“录”“记”“纪”等表示小说体式的词语)前的词语加以辨别,通常一物一事者为传奇、概述事件行为者为笔记。总之,杂录、志人、志怪、传奇皆有自己的专属标志性词语,这些词语既表明它们的文体(文言、白话),也表明它们的类别(笔记、传奇)。而且,这些标注性的词语也共同组成了文言小说命名的词语群,词语群中的大部分词语不适用于白话小说,少量的通用者也可通过体式语与标志语之外的语词加以区分。

不同于文言小说主要起于官方(诸子百家、经籍文献、史传文学),白话小说主要起于民间(市井文化、刊刻业、市民阶层)。“说话四家”肇兴于市民经济的发展,“说”也从“丛残小语”变成了长篇大论、从“缀而录之”变成了讲而听之、从偶有“可观之辞”变成了必有“入胜之论”。篇幅、形式、内容的多重变化,使得白话之说与文言之说在说的观念、说的作用、说的意图等多个方面产生了巨大的差异。话本小说为白话短篇故事,以篇幅(短小)与作用(底本)的优势取得了首先成熟的条件,娱乐和教化成为它的主要功能,小说的命名也正是循着功能而展开的,一是在命名中突显“消闲”“猎奇”的心态,二是在命名中强调“醒世”“觉人”的作用。与其他小说不同的是,话本小说没有形成标志性的单体词汇,而是形成了蕴含观念的标志性词语,形成了独特的“观念词语命名”法。与之同时发展和出现的章回小说,小说的命名则按照小说题材类型的不同呈现出不同的状态。历史演义与英雄传奇受史官文化和史传文学的影响较深,故其命名也延续了史书的方式“传”“史”“志传”,更因名著的示范效应,形成了“演义体”,并衍生出了“志传体”和“通俗”一词。神魔小说则是宗教思维与三家合一的产物,故其命名中多有神魔鬼怪的色彩,又因名著的影响,此类小说的命名大致呈现出三类情况:一是效仿名著的“游记体”,二是强调正邪观念的“神魔体”,三是神佛仙道出入凡尘的“现身体”。世情小说是章回小说的高峰,集社会风俗、民情民俗、世态炎凉、人情世故为一体，且世情小说的命名亦有名著效应的作用，而此类小说的名著并非其他三类的一枝独秀，且名著本身的命名就有着多重寓意性，故世情小说的命名呈现出最为复杂的现象，一是《金瓶梅》开启的“缀名式”命名法，二是《红楼梦》集大成的“梦幻体”“情缘体”，三是《金瓶梅》开启与《红楼梦》集大成的“色空观”与“教化-惩戒式”命名法，四是关注流俗的“欲望式”命名。而纵观四类题材小说的命名，章回小说的命名呈现出两个共同趋势：一是名著的命名多源于小说生成时的社会环境，如历史畅销则演义兴、快意恩仇则传奇兴、三家合一则神魔兴、深感人情世故与世态炎凉则世情兴；二是名著效应明显，《三国演义》则“演义体”、《水浒传》则“英雄体”、《西游记》则“游记体”、《金瓶梅》则“缀名式”，且演义与传奇的效仿者多是仅效其名，而神魔与世情的效仿者则是既效其名，也效其意。而章回小说出现之前的“诗话”“平话”“词话”，既是章回文体成熟之前白话长篇小说的命名方式，也带有叙事文体完全成熟之前文体杂糅的特征，更是小说命名反映与诠释小说演变过程的良好例证。

小说命名承载着小说的观念，以此展示着它的现象和特征，并进行着文本指涉。文言小说的命名以标志语和体式语作为文类的显著特征和区分标志，白话小说的命名则以观念化的语词和意象化词语作为小说命名的首要标志和核心意念；文言小说的命名多是小说观念的直接表达，白话小说的命名则重在观念思维的抽象生发；文言小说的命名多是小说内容、意图的双重指涉，白话小说的命名则是小说内容、情节、叙事、意图的多方面指涉。文言与白话既是两种文体，也是两种审美，更是两种文化。小说命名既是这些区别的体现者，也是两者某些共通性的见证者。

余论　古代小说命名的常用手法

中国古代小说的命名除了具有指示小说内容、情节、叙事、主题等的外部特点外，就其自身的艺术手法而言，也是花样百出。此部分介绍几种古代小说命名的惯用手法，如模拟、连缀姓名、拟人、比喻、象征、用典等。承前文所言，文言与白话小说的命名存在巨大的差异，而此类手法的运用多为两者的共同倾向。

1. 模拟

模拟，源于名著效应。名著的流传轰动一时，文人和书坊主或出于阅读的共鸣，或出于商业目的，开始进行名著仿书和续书（前文已论）的创作。其中，小说的仿作是指对原作题材内容、体例类型、归旨意趣、主题思想等方面的模仿，不涉及原作的人物故事，而续作是直接借用原著的人物进行再创作，延续原著的故事线索、时间年代等。在具体的创作中，文言小说多是仿作，而白话小说既有仿作，如《青楼梦》仿《红楼梦》，亦有续作，如《续红楼梦》《圆红楼梦》。在小说的命名中，无论是文言，还是白话，仿作皆多采用模拟原著的方式。《剪灯新话》一出，风靡天下。李昌祺在《剪灯余话》序中言："后七年，又役房山，客有以钱塘瞿氏《剪灯新话》贻余者，复爱之，锐欲效颦……次为二十篇，名曰《剪灯余话》。"又邵景詹在《觅灯因话小引》中云："客曰：'是编可续《新话》'矣。命之曰《觅灯因话》。"赵弼又在《效颦·集后序》中言："予尝效洪景庐、瞿宗吉编述传记二十六篇，……因题其名曰《效颦集》，所谓西（东）施之捧心而不觉自衒其陋也。"[1]在这些作者自题的序跋中，一方面表达了作者对前作及其作者的高山仰止之情，另一方面也有自谦

[1] 此上引文均来自朱一玄编：《明清小说资料选编》，南开大学出版社 2006 年版，第 963～970 页。

式的追随之意。这样,《剪灯新话》《剪灯余话》《觅灯因话》《效颦集》四者之间承接的模仿性质昭然,新而余、灯而觅,更有直接明言“效颦”者,其内容也基本继承了《剪灯新话》的题材。“剪灯系列”如此,文言小说形成仿作潮流者皆是。如《大唐新语》《唐语林》《明语林》《明世说新语》《儿世说》《女世说》(两部)、《庭闻州世说》《今世说》等,“语林”“世说”则仿刘义庆《世说新语》的痕迹明显。诸小说皆是以记载人物的言谈举止为主,亦大多采用按品行而分门别类的记叙方式,仅门类有所增减而已,不出《世说新语》之大格。在命名上的争相模拟,也最终形成“世说体”①。再如“虞初体”与“聊斋体”亦是如此。《虞初志》之后,有《广虞初志》《虞初新志》《虞初续志》《广虞初新志》《虞初续新志》《虞初近志》《虞初广志》等;《聊斋志异》刊刻出版后,有《夜谭随录》《萤窗异草》《夜雨秋灯录》《后聊斋志异》《三续聊斋志异》《续聊斋志异》《女聊斋》《志异续编》等。其他未成潮流者也多是如此,如《戎幕闲谈》《镫下闲谈》《牧竖闲谈》,《归田琐记》《归田录》,《四朝野记》《九朝野记》,《渠丘耳梦录》《贵耳录》《昨梦录》,《毛颖传》《香奁四友传》《十处士传》等。文言小说的仿作,着眼于对原著题材范畴和意趣指向的模仿。在命名中表现为:或同题近体的异代异域性,如“世说体”;或共趣同境的移景扩范,如“虞初体”“聊斋体”。而白话小说之仿作,一方面是书坊主倚重名著,争相模仿,在命名上有故意仿效的痕迹和系列化的倾向,如《金瓶梅》与《银瓶梅》,《红楼梦》与《青楼梦》,《西游记》之后更有的《南游记》《北游记》《东游记》,等等,略改文字而已。另一方面也是文人有意所做,但其不同于文言小说的仿作,它们多是受原著命题立意、思想观念的影响所致,故其在命名表现出对原著意蕴的归附。《醒世姻缘传》是继《金瓶梅》之后,世情小说的又一力作,命名“醒世”则是深受《金瓶梅》轮回报应观念的影响,“姻缘”更是渗透着《金瓶梅》以家庭伦理为中心的意趣指向。而《红楼梦》的仿作,在命名中多含梦幻朦胧、诗情凄美之意,且多依楼傍亭而设,如《一层楼》《泣红亭》《蜃楼志》《听月楼》。《风月鉴》则更是直接源于《红楼梦》的别名《风月宝鉴》而来,着眼于审美倾向和题旨命意的模拟。而狭邪小说亦多受《金瓶梅》与《红楼梦》的影响,命名多有模拟的痕迹,如《品花宝鉴》《花月痕》《海

① 参考王旭川:《中国小说续书研究》相关章节的论述,学林出版社 2004 年版。

上花列传》等，狭邪小说是世情小说在晚清的一个重要分支，《金瓶梅》与《红楼梦》是世情小说的巅峰之作，同是写男女爱恋的题材，命名上多有借鉴，红烛夜帐、花团锦簇、金玉满目、花香四溢。

模拟的方式，或是出于仰慕之"效颦"；或是借助原著之名声，以壮自家之声势；或是文学流变过程中，有意无意地承袭。总之，模拟成为小说命名的常用方法，且贯通文白两种文体。

2. 拟人、比喻与象征

拟人、比喻与象征手法的运用则有多方面的原因，或是文人情趣所致，或是游戏笔墨，或是别有寄托。文言小说有寓言小说一类，此类小说在命名上多用拟人的手法，如《毛颖传》用拟人的手法写毛笔的生活，《香奁四友传》写镜、梳、脂、粉，《十处士传》把布衾、木枕、纸帐、蒲席、瓦炉、竹床、杉几、茶瓯、灯檠、酒壶拟为十个处士进行描写。以物拟人，一方面使小说生动活泼、富有新鲜感和吸引力，另一方面也表达出作者对所写之物或是喜爱之情，或有其他隐情。而比喻手法在小说命名中的运用，多是揭露、谴责、讽刺之类，如《醋葫芦》，小说是写妒妇的故事，以"醋葫芦"为喻，形象贴切地表达出作者对此类人"敬而远之"的心态。此类中还有使用拟人手法的，如小说《黑美人》将鸦片比作黑美人，鸦片一方面有"美人"的吸引力，另一方面又是生命祸水（红颜祸水—黑颜祸水），小说主要写晚清中国鸦片横行、毒害民众，而民众又沉迷其中、无法自拔的悲惨境遇。象征手法的运用则常常是不便于明言者，如《弁而钗》，小说写的是古代男风的题材，不论是出于伦理规范的禁忌，还是人情常态的考虑，此类故事都涉及了一定的禁区，故小说在命名上采用了象征的手法，分别拈取了男子和女子的头饰，弁而钗象征男子变成女子，讽刺之意，含蓄深刻。

拟人、比喻与象征，虽然三者呈现的具体方式有别，但都形成了一种"喻""象"的样式，其不仅能增强小说题目的表现力及对内容的指示功能，也能增强小说的形象性和批判力，更能强烈地激发读者的阅读兴趣，并在读者心中留下较深的烙印。同时，运用拟人、比喻、象征手法命名的小说，多是讽刺批判、教化劝世之作，如《清夜钟》《闪电窗》《觉世棒》等。而小说命名中特殊方法的使用，也多能使小说在宗旨和意义的表达上收到事半功倍的效果。

3. 用典

用典是作者在创作小说时,出于文人炫才心理、追求文雅风格、追求特殊效果等原因,而经常采用的一种命名方式。这种手法不局限于文言、白话的文体之界,只要是文人士大夫有意为之的小说,都有这种方法的运用。而且,文人用典范围广泛,涉猎众多,有经书,如《树萱》典出《诗经 · 卫风 · 伯兮》:“焉得谖草,言树之背”。有史书,如《纪闻》取《史记 · 封禅书》:“其详不可得而记闻云”之语。有子书,如《葆光录》典出《庄子 · 齐物论》:“注焉而不满,酌焉而不竭,而不知其所由来,此之谓葆光”。有诗集,如《芝田录》典出曹植《洛神赋》:“尔乃税驾乎蘅皋,秣驷乎芝田”。有佛道典籍,如《舌华录》典出佛经中“舌吐莲华”之意,等等。可见,文人用典之广泛,品类之繁多,反映出文人深厚的修养。而白话小说用典手法的运用则集中在话本小说的命名中,如《石点头》(典出佛经)、《八洞天》(典出神话)、《五色石》(典出神话)、《醉醒石》(典出史书)、《雨花香》(典出佛经)、《跻春台》(典出《老子》),皆为此类。查之古代小说之命名,用典实为惯用手法的大宗。而且,在典故的运用中,小说命名指示着小说的题材类型、表现着作者对小说所写内容的情感态度,以及对小说本身的褒贬态度等。

1)小说题材类型的指示

如《天咫》出自《国语 · 楚语上》:“是知天咫,安知民则。”“天咫”指的是天道人意,是天人之间的对应和合一的关系,是书也全记有关星月天神的传闻;《壶史》得名于《神仙传》所载仙人壶公入壶而息的故事,小说命名取壶中别有洞天之意,是书记载神仙道术,皆是非人间之事,即别有的人间天地;《诺皋记》语出巫术,诺皋乃巫祝咒语,以之呼召鬼神,此书恰为志怪之书;又如《睽车志》出自“盖取易睽卦,上六,载鬼一车之语也”;《夷坚志》典出《山海经》“大禹行而见之,伯益知而名之,夷坚闻而志之”;《齐谐记》典用《庄子》“齐谐,志怪者也”;《宣室志》则是指《史记 · 屈原贾生列传》中所载汉孝文帝于宣室中问贾谊鬼神之事;《虞初志》本于“小说九百,本自虞初”,虞初是方士,所行即装神弄鬼之伎俩;《鬼董》取《搜神记》语,干宝“鬼之董狐”之意;《子不语》摘自《论语 · 述而》“子不语怪、力、乱、神”。这些典故本身都与谈鬼博记、搜奇志怪有关，士大夫在命名其小说时，有意用此典故表明其书为志怪之书。而小说中此种命名方式的层出不穷也进一步说明了，文言小说的“志怪”不仅是一种题材类型，更是士大夫撰写小说时的一种意识，是文人士大夫对小说本质特性的一种认识。

2）作者对小说内容感情色彩的表达

梅鼎祚所撰《青泥莲花记》，显然语出周敦颐《爱莲说》之“出淤泥而不染”（《四库全书总目》）。小说是记倡优戏子之作，而作者对“狭邪者弥为倾心”，其感情色彩于题目之中不言自明。《好逑传》是才子佳人小说的代表作，典出《诗经·关雎》“窈窕淑女，君子好逑”，则作者对此类作品的赞赏之情溢于言表。在话本小说里，此类观念表达得更为明显，话本小说的题目既需要保持对市民的吸引力，又往往寄托着作者强调教化的目的，故经常使用有着补天济世、顿悟人生、沐浴普化色彩与寓意的典故，如《石点头》《八洞天》《五色石》《醉醒石》《雨花香》《生绡剪》《跻春台》等（本书第二章第一节“话本与拟话本”部分已详论）。这样，既能保持题目的文学性和吸引力，也能达到了作者劝世教化的目的。

3）作者对小说文体褒贬态度的表达

钱希言作小说命名为《狯园》，“其以《狯园》书名者，狯者，狡狯之意，狡狯者，戏弄之意也”（《四库全书总目》）。钱氏是正统的文人士大夫，其认为小说乃荒谬戏言、非实录也，故其在小说的命名上，表露鄙薄之情。他的另一部小说《戏瑕》，典出《文心雕龙》，戏谑瑕疵的藐视之意更加明显。纪昀名其小说《姑妄听之》，典出《庄子》，以其多得于传闻，姑且听之记之。在这些小说的命名中，传统文人士大夫“小道”的小说观表露无遗。而朱胜非名其小说为《绀珠集》，绀珠者，相传唐开元年间宰相张说有绀色珠一颗，或有遗忘之事，持弄此珠，便觉心神开悟，事无巨细，焕然明晓，因名记事珠。可见作者对其所作小说的称赞和珍视，并对其寄予厚望。再有宋懋澄编撰小说集命名为《九籥集》，其中，“九籥”乃道家藏经卷的器具。鲍照《代升天行》：“五图发金记，九籥隐丹经。”钱振伦注：“郑玄《易纬》注曰：‘齐鲁之间，名门户及藏器之管曰籥，以藏经。’而丹有九转，故曰九籥也。”《云笈七签》卷七九云：“黄帝九籥玉匮内真玄文，此书是三天太上撰次所出，曾闻之於先达也。”苏轼在《生日刘景文觋佳篇次韵为谢》曰：“微言在参同，妙契藏九籥。”那么，将文言传奇小说集命名为《九籥集》，则是宋懋澄将自己所作的小说比之为经书，足见作者对小说的重视与推崇之意。段成式的小说集名为《酉阳杂俎》，其中，“酉阳”取大小二酉山藏书，梁湘东王“访酉阳之逸典”之意；书《琅嬛记》典出张华遇仙人，被遇仙人引至石室，石室多奇书，问其地，知为琅嬛福地，故以为书名。段氏将小说喻为“逸典”“奇书”，足见作者对己作的厚望和自得之情。综上，作者在选取典故的时候，已将自己对小说的褒贬态度和雅俗观念表达得十分清楚。那么，通过小说的命名，我们不仅可以了解小说的内容题材，更能感受到作者强烈的感情色彩。这样，手法的成功运用使得小说题目成为理解作者个体、甚至了解整个文化群体风貌的一个有效途径。

同时，中国古代文人在品诗时，非常注重主观感受的体悟和揣摩，钟嵘在《诗品》中提出“滋味说”，并形象地将感觉诉诸更为具体的味觉，这很好地说明了古代文人的这种品格。文人士大夫在命名自己的小说时，也有意无意地将之诉诸味觉可感的食物，并通过这种可感可觉的滋味，来表达自己的小说观，而且这种现象还十分常见。段成式名其书为《杂俎》，“杂俎”乃以食物为设喻，谓“炙鸮羞鳖”（《酉阳杂俎自序》），百味俱陈。“杂俎体”的小说包罗万象、百态俱全，段式命意，恰如其分。而且，段成式作为上层封建文人，将小说比之于美味珍馐，可见其文学观念之开通豁达。《鸡肋编》则取曹孟德与杨修的故事，既有“食之无味，弃之可惜”鄙视之态，又有“无见于策，而其空言，竟著于后”的意思，以此命名小说则是说小说之言不足信、不足用之意。而恰恰有与之相反者，即赵德麟的《侯鲭录》，侯鲭者，“汉楼护，字君卿，精辨议论，听者皆竦，有楼君卿唇舌之号，为王氏五侯上客。会五侯竞致奇膳，护合以为鲭，视谓之五侯鲭，盖天下之至味矣夫”。可见，赵德麟谓其美味也，希冀众人品之，咀嚼不已。文人将小说喻为食物以表达褒贬的态度，此确是古代文人士大夫在命名小说时的一大创造。

附录

一、白话小说“一书多名”统计表

说明：

1. 此表统计范围为白话小说，主要包括话本小说集和章回小说，暂不涉及单篇话本小说。

2. 一书多名中，不包括以下几种现象：①全称与简称，如《三国志通俗演义》简称《三国演义》，《大汉三合明珠宝剑全传》简称《三合剑》等，这些简称实为全称的指代词，即小说的核心词；②避讳改字，如《新世弘勋》为避乾隆帝之讳改“弘”为“鸿”，古代小说因避讳改字的不多；③“宣传语＋书名”，如本书上论第二章书坊主的影响中所论的一是标示刊刻时间与版次，如“新刊、新刻、新锲、新编、新纂”等；二是标示版本的正规性与权威性，如“按鉴、京本、古本、秘本、官板”等；三是标示版本为评点本、注释本、绘图本，如“通俗、大字、音释、音诠、注释、评释、绣像、补相（像）、全相（像）、绘图、评点、评林”等。④“才子书”，如本书上论“评点者的影响”中所论，有些书隐去原名而直接命名为《第×才子书》，此类也暂不在统计之类，但如有书所改的多个名字中包含此种情况，暂录在内。

3. 所录书目出示三列信息：原名、更名、备注（关于此书的简介，如年代、作者、题材类型、内容等，且通过故事内容、人物情节尽量阐明小说更名的缘由，也尽量关注到小说的特别之处），按汉语拼音的顺序为序。

4. 所录书目，主要参考石昌渝所编《中国古代小说总目（白话卷）》、《中国通俗小说总目提要》、孙楷第《中国通俗小说书目》、李梦生《中国禁毁小说百话》等工具书与专著。

白话小说		
原名	更名	备注
包龙图判百家公案	包公案	明代小说，明安遇时撰。是书为公案小说，书叙包拯断案故事，共一百则，杂取戏曲笔记、民间传说及其他公案小说，并将判官一律记为包公。
白云塔	新红楼	清末小说，陈景韩撰。书叙善良女子战胜邪恶势力，夺回心上人的故事。因书中有“红楼”，故名红楼，但与名著《红楼梦》无关。白云塔为小说中的重要地点，主人公的分合结局都在白云塔展开，故名“白云塔”。
百花魁	百花野史	清代小说，一笑主人编。是书的前半部分抄录《欢喜冤家》的第十四回、后半部分抄录《欢喜冤家》的第十八回，为使作品贯通，修改了少量的人名，略有删减。
北游记	北方真武祖师玄天上帝出身志传、北游记玄帝出身志传、真武大帝传、荡魔天尊传	明代小说，余象斗撰。是书叙真武帝的神仙故事。大致分为两个部分，前半部分为修炼成仙的故事，后半部分为降妖除魔的故事。是书受《西游记》影响颇大，对于民间信仰的推广，起到了不可低估的作用。
禅真逸史	妙相寺全传、残梁外史、大梁野史	明代小说，方汝浩撰。书写南北朝大梁国事，主人公曾逃命于妙相寺且于此再次起事。书中人物或为猛将杀人如麻而幡然悔悟，或为贤臣济世利民而后修成正果，皆皈依佛念。书集历史演义、英雄传奇、神魔小说为一体，然有淫秽、诞妄的描写，故清代多次遭禁。

续表

原名	更名	备注
春灯闹	灯月缘、桃花影二编	清代小说，烟水散人撰。书述男女情事。因男女主人公相会与元宵灯节，即命名为“春灯闹”“灯月缘”。与其名字相近者《春灯迷史》，实为另一部小说。
荡寇志	结水浒传	清代小说，俞万春撰。是书为《水浒传》的一种续书，前七十回同原著，叙好汉的英雄故事和上山经历，第七十一回以张叔夜剿灭梁山泊为终。这与作者本人的经历有关，俞生活在乱世，目睹了起义军的狡猾和反叛，故以“荡除贼寇”为水浒作结。
东汉十二帝通俗演义	东汉演义传、东汉演义评（改编）	明代小说，谢诏撰。是书详叙王莽篡权与刘秀中兴汉室的故事，并简述汉明帝至汉献帝的故事。《东汉演义评》为重编本，作者为清代清远道人。
东游记	西游记释喻	清代小说，顾道民撰，是书叙主人公卢生游历东洲伪土的故事。
东西汉演义	西汉通俗演义（作者为清代甄伟）与东汉演义评（作者为清代清远道人）的改编合刊	清代小说，不题撰人。是书叙东西两汉故事。
东西汉通俗演义	西汉通俗演义（作者为清代甄伟）与东汉十二帝通俗演义（作者为明代谢诏）的改编合刊	明代小说，剑啸阁本。是书叙东西两汉故事。

续表

原名	更名	备注
飞花艳想	鸳鸯影、幻中春、梦花想	清代小说，樵云山人撰。书属才子佳人小说。
飞花咏	玉双鱼	清代小说，不题撰人。书属才子佳人小说。男女主人公以“飞花”为传情的媒介，以双玉鱼为定情信物。且小说中有较多的心理描写，为古代小说罕见。
风月梦	名妓争风、海上花魅影	清代小说，邗上蒙人撰。书叙五个流连于烟花之地的男子不同的生活经历，或千金散尽、狼狈回乡，或因买妓而夫妻反目、后又染病亡故，或妓女变心，或妓女骗财等。所以，此书以劝诫世人为宗旨。
凤凰池	续四才子书	清代小说，烟霞散人撰。书属才子佳人小说，“四才子书”为小说《平山冷燕》，可见此书受前者之影响。
隔帘花影	改编于《续金瓶梅》	清代小说，不题撰人。此书为《续金瓶梅》的删改本，《续金瓶梅》为丁耀亢所作，共六十四回，此书则为四十八回。主要是删去原书中宋金战争的部分、删去原书因果轮回的部分和说教部分、改原书主人公的名字等。究其原因，一是原书为禁书，删改以避祸；二是有掩饰剽窃之嫌。
鬼神传终须报	阴阳显报鬼神全传	清代小说，不题撰人。话本小说集，内容多为抄录而成，主要讲述与鬼神有关的故事。

续表

原名	更名	备注
好逑传	第二才子好逑传、二才子书、义侠好逑传、侠义风月传、风月传	清代小说，名教中人撰。书写男女爱情之事，属才子佳人小说。但与大多数此类作品不同，书中才子非以几首诗自命为才子，而是强调他的武艺和任侠之气，且男女主人公的情投意合更是以道义契合为核心纽带，即书在写情的基础上，反复凸显道义、侠义等观念，实为才子佳人小说中的另类。
海上花列传	海上花、青楼宝鉴、海上青楼奇缘	清代小说，韩邦庆撰。书属狭邪小说。书以作者的亲身经历为内容，写青楼生活的方方面面，刻画了众多妓女形象，一方面揭露了娼家的贪婪、无情、卑鄙、猥琐，另一方面也写出了女性的无奈、悲惨，并将批判的矛头指向了社会的大环境。同时，也将警世的思想注入其中。全书细节描写较为成功，且以一条爱情为主线，又将多位女主人公穿插其中进行叙事，艺术方面也颇为成功。

续表

原名	更名	备注
红楼梦	石头记、情僧录、风月宝鉴、金陵十二钗、金玉缘	清代小说，曹雪芹撰。书叙宁、荣二府诸事，以荣国府为主，且兼及朝廷官场、市井民间。小说以贾宝玉、林黛玉、薛宝钗之间的爱情故事为主线之一，将林黛玉、薛宝钗、王熙凤、秦可卿等十二位女性合称为“金陵十二钗”，并以她们的故事构成本书的大部分内容。书起于僧道游访人间、投石录事，终于男主人公皈依空门，女主人公各归天命。此小说名字众多，也与其内容繁多有关。其书在思想、艺术等多方面均达中国古代章回小说之巅峰，虽写男女之情，但不涉淫秽、情色之语。然终因描写男女情性，在清代被列为禁书。
红楼幻梦	幻梦奇缘	清代小说，花月痴人撰。此书一改《红楼梦》的故事结局，黛玉复生、整顿贾府经济，宝玉高中状元、官至学士，抱得美人归。
红楼圆梦	金陵十二钗后传	清代小说，梦梦先生撰。书叙贾宝玉与金陵十二钗故事。宝玉补贾政缺为吏部尚书，黛玉还魂且与宝玉成婚，宝钗与黛玉和好且与宝玉成婚，三人婚姻美满。余人或父子皆中进士，或加官晋爵。即男子均高官厚禄、门庭显贵，女子皆婚姻美满。
蝴蝶媒	春风面、鸳鸯梦、新编春风蝴蝶媒	清代小说，南岳道人撰。书属才子佳人小说。

续表

原名	更名	备注
花柳深情传	醒世新编	清代小说，萧鲁甫撰。是书乃叙甲午战争后，作者有感于英人傅兰所言中国人的病在于八股文、鸦片和女子裹小脚，所以本书针对此三种恶习，虚构因食鸦片而家破人亡、因写八股文而贻误战机、因裹小脚走路慢而丧命的三段故事，而后主人公纷纷醒悟，弃鸦片、弃八股文、弃裹小脚，而国人自强。“醒世”之意，应在此，而“花柳”一名可能为书坊主吸引读者所为。
花月痕	花月姻缘	清代小说，魏秀仁撰。书叙韦痴珠与刘秋痕、韩荷生与杜采秋两对才子与名妓的爱情故事。前一对才子抑郁不得志、名妓也殉情而死；后一对才子则高中探花、携名妓而衣锦还乡。对比叙事明显，且韦痴珠形象有作家自身经历的隐喻在其中，故作者以此抒发自身遭际与理想的意图明显。
画图缘	花天荷传、画图缘平夷传、花田金玉缘	清代小说，天花藏主人撰。书属才子佳人小说，男主人公因平夷而立功，后喜结良缘。小说中出现两幅图，一幅是男女主人公相遇的园林之图，另一幅是男主人公平夷所用的地图，两幅图是男女主人公牵合的重要物件。
欢喜浪史	谐佳丽	清代小说，不题撰人，属艳情小说。

续表

原名	更名	备注
欢喜冤家	贪欢报、欢喜奇观、三续今古奇观、艳镜	明代小说，西湖渔隐撰。话本小说集。是书全写男女情事，且以“情”为宗旨，故在清代多次遭禁，也是多次更名的原因。是书故事采撷自笔记小说、文言小说等书。书中内容多为夫妻故事，对后世影响巨大，诸多话本小说集均采其中小说重编而成，有《巧缘艳史》《艳婚艳史》《两肉缘》《风流和尚》《换夫妻》《谐佳丽》。
换夫妻	颠倒姻缘、谐佳丽	清代小说，云游道人撰。话本小说集。是书故事部分取自《欢喜冤家》（见“欢喜冤家”条），其与《谐佳丽》为上下两部，《换夫妻》为下部，又名《谐佳丽》则是说接续《谐佳丽》的故事，名《颠倒姻缘》则是说有互换夫妻的情节，故曰“颠倒姻缘”。
宦海升沉录	袁世凯	晚清小说，黄小配撰。是书叙袁世凯事。
幻梦奇冤	血指印	清代小说，田铸撰。书叙命案故事，因嫉妒六郎官运亨通，七郎仆人暗杀之，因调查中出现关键证据“血指印”而最终破案。
绘芳录	红闺春梦	清代小说，西泠野樵撰。书属狎妓小说。书叙名士与名妓相恋的故事，后名士们功成名就，造“绘芳园”，且于四时花开之际，共聚于此，吟诗作赋。
混唐后传	薛家将平西演传、混唐平西演传、大唐后传	清代小说，不题撰人。书叙武则天入宫、专权、改唐为周、中宗复辟，以及唐明皇与杨贵妃故事，多有虚构荒诞之笔，如转世姻缘等。

续表

原名	更名	备注
混元盒五毒全传	聚仙亭	清代小说，不题撰人。书叙降妖除魔的故事。主人公谢白春在狐精老妇家的聚仙亭，放出蜈蚣、蜘蛛、蝎子、红蟒、壁虎等五毒，它们危害人间，皇上指派的张天师奈何不得，后老妇出来降妖，将它们收入混元盒中。
剿闯通俗小说	剿闯孤忠传、剿闯小史、忠孝传	清代小说，西吴懒道人撰。书写闯王李自成故事，自起义，经进京推翻明朝，再与清兵战，至败退亡死，还有南明朝廷的诸事，故在清乾隆年间被禁。该书艺术性不强，然史料价值较大。
金钟传	正明集、三教正明集	清代小说，正一子、克明子撰。此书以证道明心为宗旨，或为因果报应、善恶相报之事，或为宣扬孝道的故事，或为三家合一的故事。其中，一个故事讲到悬警世金钟，书名正寓此意。
锦疑团	错错认锦疑团小传	清代小说，天花藏主人撰。书属才子佳人一类，但反其道而用之，才子无才，佳人貌丑，从而引发一连串啼笑皆非的故事。
锦香亭	睢阳忠毅录、第一美女传、绫帕记	清代小说，古吴素庵主人撰。书属才子佳人小说一类，然故事以真实历史事件“安史之乱”为背景，且人物遭际夹杂在真实的历史事件之中，男主人公更以战功而拜将封侯。“锦香亭”为男女主人公相遇之处，且两人以“绫帕”传诗，“睢阳”为故事的重要地点，且以平乱安禄山为故事，故有“忠毅”一说。

续表

原名	更名	备注
警富新书	一捧雪警世新书、一天雷警世新书、七尸八命、孔公案	清代小说，安和先生撰。是书以真实的案件为故事，讲述歹人勾结土匪杀害梁天来一家，梁天来报官，而歹人又与官府勾结，后梁天来进京告御状，终得昭雪。
空空幻	鹦鹉唤	清代小说，梧岗主人撰。书叙男主人公花春虽具才华，然貌丑，立志罗致天下美女。一日和尚赠白鹦鹉，花春玩赏中睡去。梦中，自己化丑为美，先后艳遇十位美人，绘成十美图。而因猎美，错过科举，后考武举，拜将后，征战出征。归来后，妻子偷情，其他九美亦俱亡，故性情大变。造“迷园”，强抢女子，终行迹败露伏诛。再转世为女子，长大后被卖为婢、为妾、为妓、受尽侮辱和挫折，又见十美图，终明因果。此时，鹦鹉啼唤，方知南柯一梦。后来，花春也断了风流梦。书为反当时才子佳人小说观念而作，然多涉淫秽，实有宣淫之嫌。
龙图公案	百断奇观包公全传、包龙图判断奇冤、包公七十二件无头案、龙图神断公案	清初小说，不题撰人。书叙包拯断案的故事，共一百则，其中五十四则见于《包龙图判百家公案》，又出六十六则与六十二则的简本。且后于嘉庆年间，将其与《海刚峰先生居官公案》（《海刚峰公案》明代李春芳）合刊，名《龙图刚峰奇案》（《龙图刚峰公案合编》）。

续表

原名	更名	备注
龙图耳录	龙图公案、忠烈侠义传、三侠五义	清代小说，石玉昆撰。是书将包公断案与草泽英雄的故事相结合。一条线为清官断案，一条线为展昭、欧阳春、白玉堂等人除暴安良、行走江湖的故事，且草泽英雄最终归顺于朝廷，形成“清官＋侠客”的崭新故事模式。此模式影响深远，之后的《施公案》《彭公案》都是此套路。《龙图公案》为说唱形式；《龙图耳录》则将唱词略去，整理为白文；《忠烈侠义传》则为大改翻新之作；《三侠五义》为《忠烈侠义传》的翻刻。
疗妒缘	鸳鸯会	清代小说，静恬主人撰。书叙朱纶与妻秦淑、许巧珠的故事。秦氏生性嫉妒，朱纶上京会试，救许雄夫妇，被迫纳许巧珠为次室。后秦氏进京被强盗所囚，然被许巧珠救。于此，秦氏接受丈夫娶许巧珠为次室。小说名“疗妒”从此而来，而小说中又有秦淑赠丈夫玉鸳鸯，后朱、许完婚，以玉鸳鸯为信物，因有“鸳鸯会”之名。
莲子瓶演义传	后唐奇书莲子瓶演义传、银瓶梅	清代小说，不题撰人。书叙唐玄宗年间，丹青高手刘芳因美貌妻子被奸臣之子裴彪看上，裴彪令其父陷害刘芳，刘芳被陷害致死。其妻被门人梁琼玉所救，且刘芳被陈升用仙翁所赠“莲子瓶”所救。后，刘、陈、梁三人除奸平叛。

续表

原名	更名	备注
两交婚小传	双飞凤全传、续四才子书、玉觉禅	清代小说，天花藏主人撰。书属才子佳人小说，主人公甘颐、甘梦兄妹，分别与辛谷钗、辛发姐弟结婚，故名“两交婚”。
麟儿报	葛仙翁全传、节义廉明	清代小说，天花藏主人撰。书亦属才子佳人小说，有道教色彩。小说人物廉小村以行善为念，后得葛仙翁点化，生子廉清。廉清连中三元，娶得娇妻美眷，后世子孙官缨不绝，此皆为廉小村行善，葛仙翁感其行而给予的回报。其中，所赐儿子名“麟儿”。
岭南逸史	儿女浓情传	清代小说，花溪逸士撰。书属才子佳人小说。
绿牡丹	四望亭全传、龙潭鲍骆奇书、续反唐传、反唐后传	清代小说，吴炳撰。书以男主人公骆宏勋为线索，讲述奸臣当道，鱼肉百姓，忠义人士纷纷挺身而出，后又牵连到武则天开女子科举，女主人公花碧莲、鲍金花、胡赛花皆高中，且鲍金花假意允婚奸臣，后一举扫除奸臣的故事。全书结束在李唐王朝推翻武氏政权，众人因反奸除霸、襄助复辟而皆受封赏，故与“反唐”系列的小说联系在一起。书中既有男女爱情，也有英雄侠义之事，奠定了儿女英雄小说的雏形，对后世影响颇大。
梦红楼梦	三妙传、第五红楼	清代小说，蒙古族尹堪那希撰。书叙宝玉、黛玉、宝钗、湘云的故事，多有秽笔，且为残本。

续表

原名	更名	备注
女开科传	花案奇闻、花阵奇、虎丘花案逸史、万斛泉	清代小说，岐山左臣撰。小说叙三对男女主人公的曲折爱情故事，其中以三位男主人公为女主人公开科举为故事高潮。六人也正是因此而被小人陷害，后经多重坎坷，男皆高中，后三对男女先后重逢并喜结良缘。
品花宝鉴	燕京评花录、怡情佚史	清代小说，陈森撰。书叙名伶与士大夫交往的故事，是狎邪小说的先河。其中，多有狎客与男伶的性心理、性意识的描写，具有一定的开创性，且较多地实录了清代戏曲演出的场景，较有史料价值。
平金川	年大将军平西传、年大将军平金川	清代小说，张小山撰。书叙雍正初年抚远大将军年羹尧率兵平定青海厄鲁部罗卜藏丹津叛乱事。是书虽以史实故事为主线，两军交战多用神魔斗法的形式，且更引入罗马教和西式武器，是为晚清小说，且对年羹尧多有批判、痛恨之语。
平山冷燕	四才子书	清代小说，荻岸山人撰。书叙平如衡与冷绛雪、山黛与燕白颌两对才子佳人的故事，典型的才子佳人小说，对清初才子佳人小说的创作影响极大。
平妖传	三遂平妖传	明代小说，罗贯中撰。是书讲北宋贝州王则、胡永儿起义，后被诸葛遂、马遂、李遂等所败，故曰“三遂”。

续表

原名	更名	备注
七剑十三侠	七子十三生	清代小说，唐芸洲撰。是书以王守仁平定宁王叛乱为背景，主人公徐鸣皋仗义疏财、武艺高强，且广交贤士，与玄贞子、海鸥子等结为"七子"，与傀儡生、漱石生等结为"十三生"。后众人助王守仁平乱，且在过程中，众人由凡入仙。小说多有史实依据，又加以江湖化、传说化，对后世小说影响巨大。
七真祖师列仙传	七真因果传（改编）	清代小说，不题撰人。书叙汉钟离、吕洞宾度化王重阳，王重阳又度化丘处机、刘处云、谭处端、马玉、王处一、郝太古、孙不二和全真七子的故事。此书内容多采撷道教部分故事而成，艺术性不高。
绮楼重梦	红楼续梦（原名，因坊间有《续红楼梦》《后红楼梦》，改《绮楼重梦》）、蜃楼情梦	清代小说，王兰沚撰。此书为《红楼梦》的续书一种，贾宝玉转世为宝钗之子小钰、林黛玉转世为湘云之女舜华，晴雯借尸还魂秦可卿转世为宝琴之女碧箫，余人皆生儿育女。全书以文武双全的小钰为主人公，叙其建功立业、妻妾成群的故事。与前作相比，判若云泥，多有荒诞淫秽之笔。
秦并六国平话	秦始皇传	元代小说，不题撰人。书与《武王伐纣平话》《七国春秋后集》《前汉书续集》《三国志平话》，并刊为《全相平话五种》。书叙秦王吞并六国的故事，书中还有荆轲刺秦王、焚书坑儒、入海求仙等故事。

续表

原名	更名	备注
青楼梦	绮红小史	清代小说，俞达撰。是书讲述了一个转世的故事。金挹香前世沉迷女色，而忽染重病归西，后世为官清廉、造福一方，而众美散尽，方悟人生如梦、看破红尘、修道飞天。两世人生，颇有幡然悔悟意味。故事结构与人物设置颇有仿《红楼梦》之处，故曰“绮红”。
如意君传	第一快活书、无根天	清代小说，不题撰人。是书叙主人公田文泉，金童下凡，聪颖异常，被誉为神童，后中进士，选驸马，平定叛乱、内除阉党、屡立奇功，享尽荣华富贵的故事。
三分事略	三国志平话	元代小说，不题撰人。此书为《三国志平话》在不同时期的题目。
三教偶拈	《皇明大儒王阳明先生出身靖乱录》《济颠罗汉净慈寺显圣记》《许真君旌阳宫斩蛟传》三书的合刊	明代小说，冯梦龙撰。书叙儒、释、道三家的代表人物王阳明、济公、许逊的生平事迹，该书意图调和三家，也是明朝中后期三家合一思潮下的产物。
三教同源录	历代神仙通鉴	清代小说，徐道、程毓奇撰。书中儒、释、道云集，以道的比重最大，将儒家和释家融入道家，是道家三家同源思想的体现。

续表

原名	更名	备注
三门街前后传	八剑七侠十五义平蛮前后传、三门街、守宫砂	清代小说，不题撰人。是书背景为明朝正德年间，宦官刘瑾专权、陷害忠良、鱼肉百姓。杭州三门街忠良之后李广乃上天武曲星君转世，又得太白金星手卷。按太白金星指点，李到扬州开“招英馆”，结识豪杰之士，四处锄奸惩恶，多次平定刘瑾的叛乱，后加官晋爵。
三续金瓶梅	小补奇酸（记）志	清代小说，讷音居士撰。作者认为《隔帘花影》中西门庆等人不过淫欲过度、利心太重，至下油锅、三世报，会导致人以错就错、不肯改恶从善，故再续之。丁耀亢的《续金瓶梅》为一续，《隔帘花影》为二续，所以此续为“三续”。又因张竹坡评《金瓶梅》曰：“故作《金瓶梅》，一曰含酸，再曰抱阮，结曰幻化。且必曰幻化孝哥儿。作者之心，其有余通乎！则《金瓶梅》，当名之曰《奇酸志》《苦孝说》。呜呼！孝子孝子，有苦如是。”故其书名“小补奇酸（记）志”。书叙西门庆复活回家，与月娘、孝哥团圆，又娶春梅等五妾，官复原职，家道兴隆，又孝哥中举。然过五十岁生日后，西门庆忽然悟道出家、修成正果。
扫荡粤逆演义	湘军平逆传	清代小说，遭劫余生撰。书写太平天国军与清军交战之事，将太平军称为“逆”，可见作者之立场。书中多写太平天国内部的矛盾斗争，且美化清军。

续表

原名	更名	备注
扫魅敦伦东度记	续证道书东游记、东度记	明代小说，方汝浩撰。书写佛教传入东土诸事。佛教在印度传教不畅，而东渡来中原。此时为中国的魏晋南北朝，佛教入中原，与土生道教斗争，最终以佛教教义的教化性为佛教取得了一席之地。“借酒色财气，逞邪弄怪之谈，一魅姿，则以一伦扫。”
蜃楼外史	芙蓉外史	清代小说，霅溪八咏楼主述、吴中梦花居士编。是书用明朝政治隐喻清朝政治，如借剿倭寇搜刮民脂民膏，后大败于倭寇，隐喻清廷兵败赔款；又用神话故事隐喻清朝鸦片泛滥、政府无能，其中“芙蓉”即指鸦片。
蜃楼志	盖世无双情中至	清代小说，庾岭劳人撰。书述苏氏父子居于海港城市发迹、经商、娶妻，以及家庭等故事。是较早写中国港口、洋务琐事的小说，同时暴露了官场的黑暗，有相当的史料价值和艺术成就。
十二楼	觉世名言	清代话本小说集，李渔撰。共十二个故事，均以“楼”为名，每篇均演义一种观念，实欲达到道德劝惩的目的。
说唐小英雄传	罗通扫北	清代小说，如莲居士编。书叙罗通挂帅率众小将北征，解木杨城唐太宗之围的故事，即《说唐演义后传》的前半部分。
说唐薛家府传	薛仁贵征东全传	清代小说，如莲居士编。书叙薛仁贵征东的故事，即《说唐演义后传》的后半部分。
说唐演义后传	说唐后传、后唐全传	清代小说，鸳湖渔叟撰。书据《隋唐两朝志传》第七十则至第九十八则改写而成，叙罗通征北和薛仁贵征东的故事。

续表

原名	更名	备注
说唐演义全传	说唐前传	清代小说，鸳湖渔叟编。书叙自秦叔宝之父临终托孤，至唐太宗登基。
四大金刚奇书	海上四大金刚奇书、海上名妓四大金刚奇书	清代小说，抽丝主人撰。书叙《封神演义》佳梦关四将即魔礼青、魔礼红、魔礼寿、魔礼海四大金刚，因动凡心，投胎为女身，几经轮回，成为上海名妓的故事。
隋炀帝艳史	风流天子传	明代小说，齐东野人撰。书从隋炀帝谋位太子，写到自缢而亡。其中，史实多有史书所载，但书之重点在于隋炀帝大兴土木、开凿运河、搜罗天下美女、肆意淫乐、挥金如土，致使民不聊生、动乱骤起、遗臭万年。
孙庞斗志演义	前七国孙庞演义	明代小说，吴门啸客撰。书叙孙膑与庞涓的故事，啸花轩刊刻时，将其与《乐田演义》合刻为《前后七国志》。
梼杌萃编	宦海钟	清代小说，钱锡宝撰。是书主要描写晚清官场商界淫靡放荡的风气和各阶层的物欲贪欲，目的是为人们敲响警世钟。如官官相护、沽名钓誉、媚上欺下的官场，尔虞我诈、钩心斗角、利欲熏心的商界，皆在小说中有着栩栩如生的描写。

续表

原名	更名	备注
梼杌闲评	明珠缘	明代小说,不题撰人。属于时事小说。是书写魏忠贤发迹变泰、扰乱朝纲、残害忠良、鱼肉百姓、伤天害理的种种劣迹,终得恶报。该书所述内容,多有史料可查者,也是写魏忠贤故事的小说中,艺术成就较高者,且写市井之情貌多有佳处。书无淫秽露骨之描写,然因述明朝故事,终在清代被禁。所谓"明珠"乃魏忠贤与客氏以明珠定情。
桃花影	桃花影快史、浓情快史(与嘉禾餐花主人《浓情快史》同名异书)、牡丹缘	清代小说,烟水散人撰。书属艳情小说。
天豹图	绣像剑侠飞仙天豹图	清代小说,不题撰人。是书讲述奸相花锦章父子为非作歹、陷害忠良、鱼肉百姓,终被忠良之后施必显等锄奸惩恶。书为英雄传奇小说,同时加入忠奸斗争,奸恶被诛,英雄被封赠。
万花楼杨包狄演义	狄青初传、万花楼演义	清代小说,李雨唐撰。书上接《五虎平西前传》《五虎平南后传》,叙狄青征西夏的故事,中间穿插忠奸斗争,"万花楼"乃奸臣聚集之处。"杨包狄"分别指杨家将、包公、狄青。

续表

原名	更名	备注
万年青	圣朝鼎盛万年青、万年青奇才新传、乾隆巡行江南记	清代小说,不题撰人。书叙咸丰、道光年间,乾隆游江南的传说和方世玉、胡惠乾的事迹。其中,乾隆微服私访,多有体察民情、惩办恶吏、铲除恶霸的行为,而且不惜多次涉险。而方世玉先与李氏父女结怨,后投入少林学武,又因搅乱江湖被正法。至此,可见作者的观念和价值倾向。
巫梦缘	恋情人(删节本)	清代小说,不题撰人。书叙男女爱情故事,属艳情小说一类,多有淫秽之笔,在清道光年间被禁,其改名亦是因此。
巫山艳史	意中人	清代小说,不题撰人。淫秽小说。
无声戏合集	连城璧全集	清代话本小说集,李渔撰。共十二集小说,即十二回。改名原因为浙江布政使张缙彦资助此小说的出版,且其中一篇故事与张有关,后张缙彦获罪,小说为了出版而更名。
武王伐纣书	吕望兴周	元代小说,不题撰人。书即"新刊全相五种平话"之一,叙周取代商的故事。吕望即姜子牙。
五凤吟	素梅姐(全)传、续六才子书	清代小说,云间(阳)嗤嗤道人撰。属于才子佳人小说,书名得于书中五位女子先后吟诵男主人公的诗。
五美缘	再生缘、五美再生缘、大明传	清代小说,不题撰人。是书叙钱塘书生冯旭与五个女子的因缘故事,属于才子佳人小说一类。

续表

原名	更名	备注
五日缘	镜月梦	清代小说，古瀛痴虫撰。书叙郭升培与季月香情投意合，因小人作怪，两人私奔，后被郭父寻回。季月香誓死不从包办婚姻，郭升培梦中得见季月香。后经痴虫点悟，方顿悟。名"五日缘"为两人在苏州私会缠绵共五日，然后生离死别。名"镜月"应为两人名字各取一个字，郭升培字镜吾。
五显灵官大帝华光天王传	华光天王南游志传、南游华光传、华光大帝传、南游记	明代小说，余象斗撰。是书叙华光得道成仙、降妖除魔的故事，华光是民间信仰的火神。
西湖小史	西湖雅史	清代小说，上谷氏蓉江撰。书属才子佳人小说。
西洋记	三宝太监西洋记通俗演义、三宝开港西洋记	明代小说，罗懋登撰。作者为明朝中期人，目睹海上倭患严重，故借当朝壮举郑和下西洋，衍出小说。书中多写异域新奇之事，不乏鬼怪神魔之笔，此书对开拓想象空间影响较大。
西游记传	唐三藏出身传、唐三藏西游全传	明代小说，杨致(志)和撰。是书叙唐三藏取经故事，可以看作世德堂本《西游记》的简本。
西游释厄传	唐三藏西游传、唐三藏西游释厄传	明代小说，朱鼎臣撰。是书叙唐三藏取经故事，可以看作世德堂本《西游记》的简本。

续表

原名	更名	备注
希夷梦	海国春秋	清代小说,汪寄撰。书叙五代末、宋初,吕仲卿、韩速为报国仇,浪迹江湖,被导入黄山希夷老祖洞中,梦入海外浮石岛国,历经五十载的兴衰荣辱,梦中醒来,中国已过三百年。是书想象瑰奇,以梦中梦的形式讲述国家之兴旺、人之沉浮。
犀钗记	玉葵记	清代小说,不题撰人。是书属才子佳人小说。
霞笺记	情楼迷史	清代小说,不题撰人。是书据明人同名传奇改编,以元朝为背景,男女主人公以霞笺赋诗传情,两情正浓,忽被拆散,后经波折,男中状元,终结成眷属。
仙侠五花剑	飞仙剑侠奇缘	清代小说,不题撰人。书续《七剑十三侠》(后"见《七剑十三侠》条"),属侠客小说,对侠客有一定神化。
仙卜奇缘	大刀得胜传	清代小说,吴毓昶撰。是书叙男主人公屈师鲁得仙人指点,学法术、退敌军、娶美妻的故事,故曰"仙卜"。其中,主人公的兵刃为大刀,故有"大刀"之名。
详刑公案	国朝名公神断详刑公案	明代小说,京南归正宁静子撰。是书将案件分为十六类,类下分则,然叙述极为简略,杂以状词判语,多数公案后有按语。大多只是粗陈事件,缺乏构思和剪裁。

续表

原名	更名	备注
绣戈袍	真倭袍、果报录	清代小说，江南随园主人撰。书以明朝为背景，叙朝廷忠奸斗争的故事。事件起因于戈国进贡绣戈袍一件，皇帝赐予大学士唐尚杰，奸臣张德龙借而不得，故衔恨而构陷唐之子，致唐家被迫害。后经种种挫折，张氏被斩，唐家诸人再次加官晋爵、欢聚一堂。小说有影射嘉靖阁臣严嵩内容，且小说中，奸人不仅阳间被斩首，到了阴间亦遭惩罚，故曰“果报录”。
绣球缘	烈女惊魂传、巧冤家	清代小说，不题撰人。书述奸臣害人、志士落难，经种种磨难，主人公高中状元，后天理昭彰、报仇雪恨、婚姻圆满的故事。将忠奸斗争与才子佳人小说相结合，小说中女主人公以抛绣球的方式招婿，故曰“绣球缘”。
新列国志传	东周列国志(改编)	明代小说，冯梦龙撰。书述东周列国时期征战之事。

续表

原名	更名	备注
新世鸿(弘)勋	新史奇观、盛世弘勋、大明崇祯传定鼎奇闻、顺治皇过江全传、崇祯残史、铁冠图全传(有改动,又名"忠烈奇书")、剿闯通俗小说(原本)	清代小说,蓬蒿子撰。书述明末清初李自成起义、建立大顺政权、破京师,后吴三桂携清军入关,清军扫灭起义军的故事。书中将李自成等起义军说为妖星,清军为收服妖星而来。可见,书对清廷持颂扬、推崇的态度,且书中言语特为严谨恭敬,然终因言大明事,在清乾隆年间被禁。该书为《剿闯通俗小说》(作者为清代西吴懒道人)的修订本,而《铁冠图全传》为《剿闯通俗小说》的另一个本子,作者为清代松滋山人,书中加入了铁冠道人,在小说的第一章预言明朝的劫数,并以密封的铁冠图示之。即《剿闯通俗小说》《铁冠图全传》《新世弘勋》三本小说主体故事都是明末闯王起义、推翻明朝、清军入关事,因作者观念和政治环境不同,所以故事的讲述方式不同、人物形象也不同,遣词造句也有较大的差异。
杏花天	红杏传、闺房野谈录	清代小说,古棠天放道人撰。属于猥亵小说,在清代屡遭查禁。后拆一为二,其下部重命名为《新抄浓情秘史》。
续红楼梦	增补红楼梦、增红楼梦	清代小说,海圃主人撰。书叙宝玉被上帝授敷文真人之职,宝玉与宝钗之子——贾茂,娶了宝琴之女梅月娥。贾茂出仕为官、造福一方,升任内阁学士。宝玉托梦,贾茂才知前因后果。且贾政百龄,阖家欢乐。《红楼梦》一出,续书殊多,名《续红楼梦》者亦多,大致皆为"改悲为喜"。

续表

原名	更名	备注
雪月梅传	闺媛传、儿女浓情传、第一奇书	清代小说，陈朗撰。书属才子佳人小说，并将爱情与征讨寇逆的故事相结合。
杨家府演义	杨家府世代忠勇通俗演义、杨家府世代忠勇演义志传	明代小说，秦淮墨客撰。书叙杨业三代抗击辽国、保家卫国的故事。卷一写杨业，卷二至卷六写杨延昭，卷七至卷八写杨文广。书多采自民间传说，不免虚构和夸张。
异说反唐全传	异说反唐演传、大唐中兴演义传、反唐女娲镜全传、武则天改唐演义、薛刚三祭铁丘坟全集、异说武则天反唐全传、异说反唐全传	清代小说，如莲居士撰。书述薛刚反唐的故事，薛家三代英烈，第一代为薛仁贵、第二代为薛丁山、薛刚是第三代。高宗亡故，武侯专权，改国号为“周”，以徐敬业为首的老臣伐周复唐，薛刚亦忠于李唐，投入讨伐大军，最后讨逆成功。并且，是书有意将薛家、李唐与奸臣、武则天分阵营对立叙事。其中，薛家开始被逼囚禁于三祭铁丘坟，此为重要关目，故有以此命名者。
意内缘	灯月传	清代小说，中山灌花野叟、松村居士编次。书属才子佳人小说，此书最后为“再看下部分解”，故知此书为上部。
意外缘	再求凰传	清代小说，不题撰人。书属才子佳人小说，由序可知该书为下部。
姻缘扇	风流配	清代小说，不题撰人。此书为《人中画》（清代话本小说）中《风流配》的单行本，改四回为八回。
英烈传	云合奇踪、皇明开运英武传、皇明开运辑略武功名世英烈传	明代小说，不题撰人。书叙朱元璋开国的传奇故事。从元顺帝荒淫失政，至朱元璋建立元朝、分封诸王。

续表

原名	更名	备注
罂粟花	通商原委演义	清代小说，元和观秋斋主人撰。书叙鸦片战争始末，颂扬了林则徐、关天培等爱国将领忠心报国、临危不惧的浩然正气，抨击了琦善等人的昏庸无能、畏敌如虎。
玉娇梨	双美奇缘、三才子书	清代小说，荑荻散人撰。书为才子佳人小说，书中两女名红玉、卢梦梨，故曰“玉娇梨”；又是两女侍一夫，故曰“双美”。
玉燕姻缘全传	玉燕金钗	清代小说，梅痴生撰。书属才子佳人小说，但以传统门第婚姻为准绳。“玉燕”“金钗”为男女主人公的信物。
玉支玑	双英记（改本）、方正合传（改本）	清代小说，天花藏主人撰，烟水散人编次。书属才子佳人小说，情节曲折。原书为二十回，节改本为十二回。“玉支玑”为定情信物，“双英”为两位女主人公的名字方奇英与卜娇英，“方正”为男女主人公的名字方奇英与正大光。
鸳鸯配	鸳鸯媒、第三奇书鸳鸯配	清代小说，烟水散人撰。 书属才子佳人小说，背景为南宋末年，元军南下，故在才子佳人的悲欢离合中，还有黍离之悲。其中，“鸳鸯”为男女主人公的信物。

续表

原名	更名	备注
斩鬼传	平鬼传	清代小说,烟霞散人撰。书叙钟馗故事,钟馗因相貌丑陋被皇帝夺取状元功名,愤而自杀,唐德宗悔而封其为驱魔大神。在阴间钟馗欲行驱魔之权,然阎王言妖邪是人间最多,关键在于“方寸”(人心)。于是,钟馗率三百阴兵,返回人间,按阎王所给名单驱魔斩鬼,直到人间再无妖气。此书有一定的寓意和反讽性质。
忠烈小五义	续忠烈侠义传、小五义、小侠五义全传	清代小说,不题撰人。书接续《三侠五义》的故事。
忠孝勇烈奇女传	忠孝勇烈木兰传、木兰奇女传	清代小说,不题撰人。书叙唐太宗时,朱若虚之孙木兰自幼聪慧、身怀武艺。后代父从军,屡立战功。班师回朝,屡次拒绝皇帝封赏,被奸臣陷害,为证清白掣剑剜胸。太宗后悔,题“忠孝勇烈”。小说本于魏晋南北朝民歌《木兰辞》。
钟情录	珠玉记	清代小说,不题撰人。书叙赵美玉与隋公之女宝珠情投意合,几结良缘,然隋公酒后误将女儿许配别家,宝珠吞金捐躯、美玉绝食而亡。为爱情悲剧,“珠玉”之名则是取两位主人公的名字而成。
终须梦	再同梦	清代小说,弥坚堂主人撰。书属才子佳人小说。

续表

原名	更名	备注
征西说唐三传	异说后唐传三集薛丁山征西樊梨花全传	清代小说，中都逸史撰。本书以《说唐演义全传》（《说唐前传》）为初集，《说唐后传》为二集，故名《征西说唐三传》。 是书叙紧接《说唐后传》，薛仁贵被张士贵后人陷害入狱，后有番兵造反，平反昭雪，挂帅出征。战争中，唐太宗被困，薛仁贵之子薛丁山率兵解围，然后故事围绕薛丁山展开，几经征战、多有将女相嫁。后又叙到武则天专权、改唐为周，薛丁山之子薛刚助中宗复辟。
驻春园小史	第十才子书、双美缘、绿云缘、一笑缘	清代小说，吴航野客撰。书属才子佳人小说，二女一夫，故曰“双美”；佳人名曾浣雪（云娥）、吴绿筠，故曰“绿云”；“驻春园”为男女主人公相遇、定情之地。
株林野史	株林镜、绣榻野史、蜃楼志	清代小说，艳春轩居士，一说痴道人撰。书叙春秋时陈夏姬的故事，本于历史，但小说多涉淫秽之事，且多有淫言秽语，故屡次被禁，改名多因此故。

二、各朝代"志传""演义"系列主要小说命名表

列国系列		
书名	作者	内容
列国志传八卷二百二十六则	(明)余邵鱼撰	起自武王伐纣,止于秦并六国。
新列国志一百零八回	(明)冯梦龙撰	书叙东周列国故事,从周宣王荒淫失政、平王东迁起,至七国争雄、秦王一统天下。
汉代系列		
书名	作者	内容
西汉通俗演义八卷一百零一则	(明)甄伟撰	书叙秦末至西汉初事,以项羽刘邦楚汉相争的故事为主。
东汉十二帝通俗演义(《东汉演义》)十卷一百四十六则	(明)谢诏撰	书以叙王莽篡权与刘秀中兴汉室的故事为主,并简述汉明帝至汉献帝的故事。
东汉演义评八卷三十二回	(清)清远道人编	为《东汉十二帝通俗演义》的重编本。
东西汉通俗演义	剑啸阁本	合《西汉演义》与《东汉演义》而成。
全汉志传十二卷一百二十一则	(明)熊大木撰	《西汉志传》六卷六十三则,《东汉志传》六卷五十八则。
两汉开国中兴志传六卷四十二则	(明)黄化宇校正	西汉四卷二十八则,东汉二卷十四则。
隋唐系列		
书名	作者	内容
唐书志传通俗演义八卷八十九节	(明)熊大木撰	自隋炀帝大业十三年至贞观十九年,记李氏父子创立唐朝的故事。
隋唐两朝志传十二卷一百二十二回	(明)罗贯中撰(伪托)	前九十一回与《唐书志传通俗演义》同,后增补高宗至僖宗十余朝三百年事。

说唐演义全传(《说唐前传》)六十八回	(清)鸳湖渔叟校订	书叙秦叔宝之父托孤到唐太宗登基事,相当于褚人获《隋唐演义》第一回至第六十六回。
说唐演义后传(《说唐后传》《后唐全传》)五十五回	(清)鸳湖渔叟校订	两部分故事组成:罗通扫北与薛仁贵征东故事。
说唐小英雄传(《罗通扫北》)二卷十六回	(清)如莲居士编	书叙罗通扫北故事。
说唐薛家府传(《薛仁贵征东全传》)六卷四十二回	(清)如莲居士编	书叙薛仁贵征东故事。
异说征西演义全传六卷四十回	(清)吴门恂庄主人编	书叙薛仁贵征西故事。
征西说唐三传(《异说后唐传三集薛丁山征西樊梨花全传》)十卷八十八回	(清)中都逸史撰	涉及薛家三代人物,薛仁贵、薛丁山、薛刚,以薛丁山征西故事为主。
异说反唐全传(《大唐中兴演义传》《异说反唐演义》)十四卷一百四十回	(清)如莲居士撰	书叙薛刚反唐故事。
隋唐演义二十卷一百回	(清)褚人获	起自隋文帝起兵伐陈,终至唐明皇还都而死,叙述以隋炀帝和唐玄宗为详,中间穿插秦叔宝等英雄的传奇故事。
大隋志传四卷四十六回	(清)佚名	割《隋唐演义》而另题名目,取《演义》者前四十七回。

混唐后传(《薛家将平西演传》《混唐平西演传》《大唐后传》)九卷三十七回	(清)佚名	书叙武则天故事,中宗复辟故事,以及唐明皇与杨贵妃的故事,还捏造了薛仁贵征西的故事。
宋代系列		
书名	作者	内容
大宋中兴通俗演义八卷七十四回	(明)熊大木撰	以编年体的形式演义以岳飞为主的爱国将领的故事,亦是演义岳飞事迹的最早的小说。
大宋中兴岳王传八卷八十八则	(明)熊大木撰	为《大宋中兴通俗演义》的翻刻本。
岳武穆尽忠报国传七卷二十八则	(明)熊大木撰、于华玉订	为《大宋中兴通俗演义》的删节本。
岳武穆精忠传六卷六十八回	(明)邹元标撰	为《大宋中兴通俗演义》的删节本。
说岳全传二十卷八十回	(清)钱采、金丰撰	书叙岳飞事迹。
南北宋志传二十卷	(明)熊大木编	《南宋志传》十卷,起自五代末至宋初,主要叙太祖故事;《北宋志传》(《杨家将演义全传》《北宋金枪传》《北宋杨家将》)十卷,为太宗、真宗、仁宗三朝历史,主要叙杨家将的故事。
杨家府演义(《杨家府世代忠勇通俗演义》《杨家府世代忠勇演义志传》)八卷五十八则	(明)秦淮墨客撰	书叙杨业三代抗击辽国、保家卫国的故事。卷一写杨业,卷二至卷六写杨延昭,卷七至卷八写杨文广。
杨文广平南全传四卷二十二回	(清)佚名	书叙杨文广征南闽的故事,内容与《杨家府演义》卷八"文广领兵征李王"相似。

明末清初故事		
书名	作者	内容
镇海春秋二十回	(明)吴门啸客	书叙明末辽东战事,主要讲袁崇焕与毛文龙的斗争故事,且以袁为奸臣、以毛为忠臣。
辽海丹忠录八卷四十回	(明)陆人龙撰	书叙明末辽东战事,主要讲写毛文龙与后金的作战,以毛文龙为忠臣良将,有贬袁崇焕的意图。
剿闯通俗小说十回	(清)西吴懒道人撰	书从李自成起兵说起,至南明弘光朝建立,叙明末事,书多以邸报为依据撰写,特详写闯王进京、忠烈大臣之事,名为"剿闯",则书的政治倾向明显。
新世鸿(弘)勋二十二回	(清)蓬蒿子撰	书脱胎于《剿闯通俗小说》,删改清朝忌讳的词语。

参考文献

小说史类：

[1]鲁迅. 中国小说史略[M]. 沈阳:春风文艺出版社,2020.

[2]李剑国. 唐前志怪小说史[M]. 北京:人民文学出版社,2011.

[3]程毅中. 唐代小说史[M]. 北京:人民文学出版社,2011.

[4]李宗为. 唐人传奇[M]. 北京:中华书局,2003.

[5]萧相恺. 宋元小说简史[M]. 太原:山西人民出版社,2005.

[6]程毅中. 宋元话本[M]. 北京:中华书局,2003.

[7]陈大康. 明代小说史[M]. 北京:人民文学出版社,2007.

[8]孙一珍. 明代小说简史[M]. 太原:山西人民出版社,2005.

[9]张俊,沈治钧. 清代小说简史[M]. 太原:山西人民出版社,2005.

[10]萧相恺. 世情小说简史[M]. 太原:山西人民出版社,2005.

[11]苗壮. 才子佳人小说简史[M]. 太原:山西人民出版社,2005.

[12]曹亦冰. 侠义公案小说史[M]. 太原:山西人民出版社,2005.

[13]胡胜. 神怪小说简史[M]. 太原:山西人民出版社,2005.

[14]胡胜. 明清神魔小说研究[M]. 北京:中国社会科学出版社,2004.

[15]苗壮. 笔记小说史[M]. 杭州:浙江古籍出版社,1998.

[16]胡士莹. 话本小说概论[M]. 北京:中华书局,1980.

[17]欧阳代发. 话本小说史[M]. 武汉:武汉出版社,1994.

[18]萧欣桥,刘福元. 话本小说史[M]. 杭州:浙江古籍出版社,2003.

[19]段启明,张平仁. 历史小说简史[M]. 太原:山西人民出版社,2005.

[21]李忠明. 17 世纪中国通俗小说编年史[M]. 合肥:安徽大学出版社,2003.

[22]杨义. 中国古典小说史论[M]. 北京:中国社会科学出版社,2004.

[23]黄霖. 20世纪中国古代文学研究史(小说卷)[M]. 上海:东方出版中心,2006.

[24]刘勇强. 中国古代小说史叙论[M]. 北京:北京大学出版社,2007.

学术专著类:

[1]胡适. 中国章回小说考证[M]. 上海:上海书店,1980.

[2]左东岭. 王学与中晚明士人心态[M]. 北京:人民文学出版社,2000.

[3]孙逊. 中国古代小说与宗教[M]. 上海:复旦大学出版社,2000.

[4]谭帆. 中国小说评点研究[M]. 上海:华东师范大学出版社,2001.

[5]王汝梅,张羽著. 中国小说理论史[M]. 杭州:浙江古籍出版社,2001.

[6]韩云波. 唐代小说观念与小说兴起研究[M]. 成都:四川民族出版社,2002.

[7]李鉴踪. 末世情怀[M]. 成都:四川教育出版社,2002.

[8]纪德君. 中国历史小说的艺术流变[M]. 北京:中国社会科学出版社,2002.

[9]刘上生. 中国古代小说艺术史[M]. 长沙:湖南师范大学出版社,1993.

[10]董国炎. 明清小说思潮[M]. 太原:山西人民出版社,2004.

[11]高玉海. 明清小说续书研究[M]. 北京:中国社会科学出版社,2004.

[12]郑振铎. 西谛书话[M]. 北京:三联书店,2005.

[13]欧阳健. 古代小说版本简论[M]. 太原:山西人民出版社,2005.

[14]潘建国. 古代小说书目简论[M]. 太原:山西人民出版社,2005.

[15]赵兴勤. 古代小说与传统伦理[M]. 太原:山西人民出版社,2005.

[16]许并生. 古代小说与戏曲[M]. 太原:山西人民出版社,2005.

[17]牛贵琥. 古代小说与诗词[M]. 太原:山西人民出版社,2005.

[18]陈洪. 中国小说理论史[M]. 天津:天津教育出版社,2005.

[19]许结. 中国文化制度述略[M]. 南京:凤凰出版社传媒集团,2005.

[20]郭英德. 中国古代文学通论(明代卷)[M]. 沈阳:辽宁人民出版社,2005.

[21]谭帆. 中国雅俗文学思想论集[M]. 北京:中华书局,2006.

[22]高玉海. 古代续书小说序跋释论[M]. 北京:中国社会科学出版社,2007.

[23]段春旭. 中国古代长篇小说续书研究[M]. 上海:上海三联出版社,2009.

[24]程毅中. 古体小说论要[M]. 北京:华龄出版社,2009.

[25]刘云春. 历史叙事传统语境下的中国古典小说审美研究[M]. 北京:中国社会科学出版社,2010.

[26]左东岭. 李贽与晚明文学思想[M]. 北京:人民文学出版社,2010.

[27]陈洪. 金圣叹传[M]. 北京:人民文学出版社,2012.

[28]纪德君. 明清通俗小说编创方式研究[M]. 北京:社会科学文献出版社,2012.

[29]纪德君. 中国古代小说文体生成及其他[M]. 北京:商务印书馆,2012.

[30]谭帆等. 中国古代小说文体文法术语考释[M]. 上海:上海古籍出版社,2013.

[31]谭帆,王冉冉,李军均. 中国分体文学学史(小说学卷)[M]. 太原:山西教育出版社,2013.

[32]李小龙. 也正名. 中国古代小说书名研究[M]. 上海:上海三联书店,2020.

书目提要类、资料汇编类:

[1]江苏省社会科学院明清小说研究中心. 中国通俗小说总目提要[M]. 北京:中国文联出版公司,1990.

[2]宁稼雨. 中国文言小说总目提要[M]. 济南:齐鲁书社. 1996.

[3]石昌渝. 中国古代小说总目(文言卷)[M]. 太原:山西教育出版社,2004.

[4]石昌渝. 中国古代小说总目(白话卷)[M]. 太原:山西教育出版社,2004.

[5]石昌渝. 中国古代小说总目(索引卷)[M]. 太原:山西教育出版社,2004.

[6]孙楷第. 中国通俗小说书目(外二种)[M]. 北京:中华书局,2018.

[7]侯忠义. 中国文言小说参考资料[M]. 北京:北京大学出版社,1985.

[8]朱一玄. 明清小说资料选编(上册)[M]. 天津:南开大学出版社,2006.

[9]朱一玄. 明清小说资料选编(下册)[M]. 天津:南开大学出版社,2006.

[10]丁锡根. 中国历代小说序跋集(上册)[M]. 北京:人民文学出版社,1996.

[11]丁锡根. 中国历代小说序跋集(中册)[M]. 北京:人民文学出版

社,1996.

[12]丁锡根. 中国历代小说序跋集(下册)[M]. 北京:人民文学出版社,1996.

[13]黄霖. 金瓶梅资料汇编[M]. 北京:中华书局,2016.

[14]李时人. 中国禁毁小说大全[M]. 合肥:黄山书社,1992.

[15]安平秋,章培恒. 中国禁书大观[M]. 上海:上海文化出版社,1990.

[16]王利器. 元明清三代禁毁小说戏曲史料(增订本)[M]. 上海:上海古籍出版社,1981.

[17]程国赋. 隋唐五代小说研究资料[M]. 上海:上海古籍出版社,2005.

期刊文章类:

[1]方东耀. 明清人情小说的命名及其范围[J]. 南京师大学报(社会科学版),1985(4).

[2]刘嘉陵. 传统小说的书名类聚现象[J]. 社会科学辑刊,1994(3).

[3]梁瑜霞. 史传传统对唐人小说的影响——兼论唐人小说以"传、记"命名现象[J]. 唐都学报,1998(4).

[4]罗书华. 章回小说的命名及前称[J]. 明清小说研究,1999(2).

[5]谭帆. "奇书"与"才子书"——对明末清初小说史上一种文化现象的解读[J]. 华东师范大学学报(哲学社会科学版),2003(6).

[6]刘红旗. 论宋传奇小说命名的史传意识[J]. 江苏教育学院学报(社会科学版),2009(1).

[7]石昌渝. 王阳明心学与通俗小说的崛起[J]. 文学遗产,2009(2).

[8]程国赋. 论中国古代小说命名的文体意义[J]. 明清小说研究,2011(2).

[9]邓宇英. 论中国古代白话小说的命名艺术[J]. 名作赏析,2011(29).

[10]程国赋. 中国古代小说命名刍议[J]. 文艺研究,2011(11).

[11]程国赋,廖华. 唐五代小说的命名艺术[J]. 安徽大学学报(哲学社会科学版),2012(01).

[12]程国赋. 元明清小说命名研究的世纪考察[J]. 社会科学研究,2014(4).

[13]程国赋. 论明清小说寓意法命名的内涵与特点[J]. 文学评论,2016(1).

[14]程国赋. 论明清小说书名的广告意义[J]. 暨南学报(哲学社会科学版),2016(10).

[15]程国赋. 论明清小说书名所体现的文学观念[J]. 文学理论研究,2017(3).

[16]程国赋,蔡亚平. 论读者与明清小说命名的关系[J]. 社会科学研究,2017(6).

[17]程国赋. 论明清通俗小说书名的命名特点[J]. 南京大学学报(哲学·人文科学·社会科学),2018(3).

[18]顾克勇.《试论邸报与"明末清初时事小说"的创作及命名》[J]. 明清小说研究,2021(2).

硕博论文类:

[1]任永安. 古代通俗小说命名研究[D]. 郑州:河南大学. 2008.

[2]赵丽玲. 明清小说作品命名方式研究[D]. 广州:广州大学. 2009.

[3]唐江涛. 才子佳人小说题名研究[D]. 广州:暨南大学. 2011.

[4]张泽如. 明清话本小说书名研究[D]. 宁夏:宁夏大学. 2018.

[5]尹成. 明清通俗小说同书异名现象研究[D]. 南昌:江西师范大学. 2019.